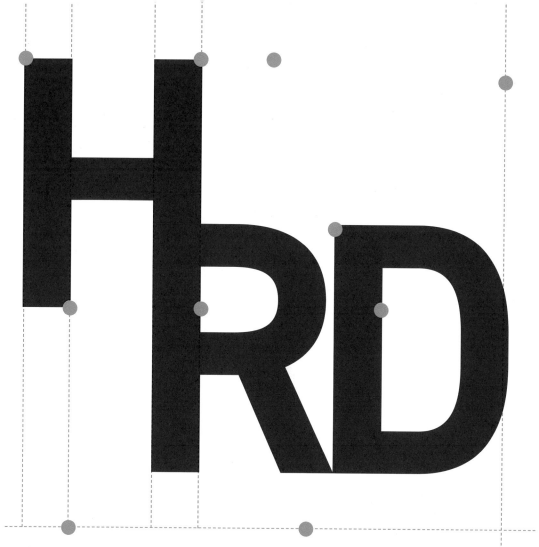

HRD
연구방법
가이드

연구와 실무의 출발점

김희봉 · 박상욱 · 윤선경 · 이은정
이혜민 · 전선호 · 정승환 지음

박영story

프롤로그

　조직에서 인적자원개발(Human Resources Development, 이하 HRD)의 영역과 기능은 다양하다. 전통적으로는 구성원 개개인의 직책 및 직무수행과 관련된 역량을 개발하고 향상시키는 개인개발로부터 성과관리나 경력개발 그리고 조직문화 개선 등과 같은 조직개발에 이르기까지 그야말로 전방위적인 활동이 이루어진다. 이렇게 보면 HRD의 기저에는 구성원들의 성장(growth)과 조직의 성과(performance)가 자리잡고 있다고 해도 과언은 아니다.

　HRD에서 구성원의 성장과 조직성과라는 두 마리 토끼를 모두 잡기 위해 필요한 것 중 하나는 자료수집과 분석에 있어 다양한 연구방법에 대한 이해와 적용이다. 예를 들면 구성원의 성장을 위해 무엇이 필요한지를 끄집어내고 어떤 내용을 다룰 것인지를 결정하며 어떻게 확인할 것인지 등에 대한 자료를 수집하고 분석하는 것 등이다.

　이러한 연구방법을 큰 축으로 나누어 보면 양적인 방법(quantitative research method)과 질적인 방법(qualitative research method)으로 나타난다. 이를 단순화해서 보면 양적인 방법은 숫자(number)를, 질적인 방법은 말이나 글자(verbal, text)를 중심으로 이루어지는 방법이라고 할 수 있다. 이와 같은 연구방법은 각각 독립적으로 사용되기도 하지만 혼합해서 사용되기도 한다. 그리고 HRD분야에서 연구와 실무를 하는 이들에게 이러한 연구방법들은 선택이 아니라 필수이며 기본이라고 할 수 있다.

그러나 현실에서 마주하는 다양한 연구방법들은 상대적으로 어렵게 느껴진다. 또한 막상 시도하고 적용해보려고 하면 어떻게 시작하고 어떤 과정들을 거쳐야 하는지 등에 대한 막막함을 마주하게 되는 경우도 있다. 이를 해결하기 위해 논문도 찾아보고 연구방법론에 대한 책을 펼쳐 보기도 하지만 여전히 아쉬움은 남아 있다.

필자들 역시 HRD에 대한 연구와 실무 현장에서 이와 같은 고충을 경험했다. 그래서 HRD와 관련된 연구를 수행하거나 실무를 담당하는 이들에게 실질적으로 도움이 되고 현장에서 활용할 수 있는 연구방법들을 찾아보고 고민하기 시작했다.

그 결과 학교와 기업의 HRD분야에서 연구와 실무를 경험한 필자들의 고민과 경험이 녹아 있는 ≪HRD 연구방법 가이드≫를 기획하고 HRD 연구와 실무에 유용하다고 여겨지는 14개의 연구방법을 선별하여 정리했다.

이 책의 구성은 두 가지로 되어 있다. 1부 Fundamental Methods에서는 HRD 연구 및 실무에 있어 기본적으로 사용되는 방법들을 다루고 있다. 양적인 방법으로는 설문조사를 비롯해서 t-test와 ANOVA 등이 있으며 질적인 방법으로는 포커스 그룹 인터뷰, 심층면접, 개방코딩 등이 포함되어 있다.

2부 Practical Methods에서는 기본을 넘어 연구와 실무에서 다양하게 적용해 볼 수 있는 방법들을 다루고 있다. 양적인 방법으로는 Borich 요구도 분석과 IPA(Importance-Performance Analysis) 및 AHP (Analytic Hierarchy Process) 등이 있으며 질적인 방법으로는 델파이 조사와 사례연구, 내용분석 및 포토보이스(photo-voice) 등이 포함되어 있다.

이와 같은 연구방법들은 교육체계 수립, 교육프로그램 개발 및 평가, 역량모델링, 콘텐츠 개발, 인식 분석 및 비교 등과 같이 HRD분야에서 주로 다루어지는 연구와 실무에 있어 바로 적용해 볼 수 있다.

이를 위해 ≪HRD 연구방법 가이드≫에서는 각각의 연구방법별로 개념과 구체적인 절차를 제시하였으며 예시와 간과하기 쉬운 주의사항 및 고려사항 등도 담겨 있어 글자 그대로 HRD 연구방법 가이드로서의 역할에 충실하고자 했다.

따라서 HRD에 대한 연구와 실무 현장에 있는 학생 및 담당자들은 수행하고자 하는 주제에 적합한 연구방법을 선택해서 살펴볼 수도 있고 전체 내용을 보면서 연구의 주제 및 실행의 아이디어를 도출할 수도 있다. 아울러 ≪HRD 연구방법 가이드≫는 연구와 실무를 직접 수행하지 않는다고 하더라도 연구방법에 대한 기본적인 이해와 관점을 확대시켜 줄 수 있다는 측면에서 유용하다.

HRD는 매력적인 분야다. 다만 그 매력을 느끼고 연구와 실무에서의 즐거움과 의미를 찾기 위해서는 인문학적인 사고와 함께 과학적인 방법이 접목되어야 한다. 이 과정은 생각보다 오랜 시간이 소요될 수도 있고 원치 않는 시행착오를 겪을 수도 있다. ≪HRD 연구방법 가이드≫는 그 시간을 조금 단축시켜보고 시행착오를 줄여주는 데 일조할 수 있다.

이 책은 독자들에 비해 상대적으로 HRD를 조금 먼저 접해 본 필자들의 입장에서 작은 부분이지만 기본적인 내용에 대한 생각을 담았다. 모쪼록 ≪HRD 연구방법 가이드≫가 HRD에 대한 연구와 수행에 첫걸음을 내딛는 이들과 다양한 시도를 해보고자 하는 이들에게 조금이나마 도움이 되기를 바란다.

추천의 글

송영수 교수(한양대)

　　중국고전인 순자의 권학편에 나오는 내용이다. '푸른색은 쪽에서 나왔지만 쪽빛보다 더 푸르다'라는 문장이 나온다. 또한 얼음은 물에서 나왔지만 '물보다 더 차다.'라는 비유도 나온다. 이 말은 제자가 학문을 계속해서 연구하면 스승을 능가할 수 있다는 의미이다. 청출어람(靑出於藍) 또는 줄여서 청어람(靑於藍) 이라고도 한다. 기업에서 23년, 그리고 대학에서 16년 그러다 보니 39년째 리더십과 HRD(인적자원개발) 분야의 전문가로 활동해 왔다. 특히 교수로서 가장 보람된 일은 제자를 성공적으로 성장시키는 일이라고 생각한다. 대학원 면접시험이나 지도제자가 정해지면 첫 만남에서 늘 던지는 질문이 있다. "자네 꿈이 무엇인가?", 즉 해당부문의 최고전문가가 되어 좀 더 많은 사람들에게 더 많은 도움을 줄 수 있는 것 아닌가라고 강조하곤 했다.

　　이렇게 뭉쳐진 이 팀은 큰 변화가 없는 한 오랜 기간 함께하며 만나고 대화하고 격려한다. 결혼을 할 때, 취업·승진이 되었을 때, 직장을 바꿀 때, 승진했을 때 등 기쁨과 슬픔이 있을 때마다 찾아와 대화를 하곤 했다. 좋은 일이 있으면 170여 명의 석·박사 졸업생과 재학생들의 커뮤니티에 업로드하여 홍보를 해 주곤 한다. 신상변동의

소식을 가족보다 먼저 알려드린다는 제자의 말 한마디에 보람을 느낀다. 이제 제자들이 커뮤니티를 구성하여 도서를 집필하고 완성이 될 즈음 지도교수에게 추천사를 요청했다.

이 책은 격변하는 환경변화에 적응하기 위해 HRD가 무엇을 할 것인가를 고민을 하면서 최근 트렌드를 바탕으로 각자의 등재 학술지에서 심사가 통과된 주요 논문을 편집하여 한 권의 책으로 탄생하게 되었다. 더욱이 각자가 자기가 맡은 주제만을 하는 것이 아니라 정기적으로 모여 팀학습(Team Learning)하던 중에 책 저술에 관한 토의 끝에 나온 결과라는 점에서 HRD부문의 이론과 현장 실천력을 강화하는 데 도움이 될 것으로 믿는다.

최근 'Data 중심의 HRD'라는 말이 자주 회자된다. 이를 위해서는 Research & Business Design(R&BD)이라는 차원에서 실행이 바람직한데 집필에 참가한 분들이 모두 박사들로 구성되어 있어 도서의 질(Quality)을 높게 유지할 수 있다고 생각한다. 집필진이 젊은 교수나 연구자가 많지만 그들의 학문적 자부심과 전문가적 깊이를 유지하기 위해 최선을 다했을 것이기에 HRD 현장 실천력에 도움이 될 것으로 기대한다.

일본인들이 많이 기르는 코이(Koi)라는 관상용 물고기가 있다. 코이는 작은 어항 속에서는 5~8cm 정도 자라고 커다란 수족관에서는 15~25Cm까지 성장한다고 한다. 그런데 이 물고기를 방류해서 강이나 바다로 나가면 90~120Cm까지 자란다고 한다. 나는 제자들이 큰 뜻을 품고 넓고 큰 바다로 진출하기를 기대한다. 그리고 크게 성장한 대어(大魚)가 되길 소망한다. 청출어람의 제자들이 되길 소망한다.

이 책은 HRD를 연구하는 대학(원)생, 교수이거나 기업이나 조직 현장에서 HRD를 실천해야 할 담당자, 전문가, 리더들에게 도움이 되며 일독을 권한다. '독서는 앉아서 하는 여행'이라고 한다. 자, 이제 앉아서 하는 HRD 연구방법에 대한 여행을 함께 떠나 보시길 기대한다.

차례

1부 Fundamental Methods

2부 Practical Methods

1부

Fundamental Methods

01

설문조사(Survey)

▌개념

설문조사는 질문지법이라고도 부르며 조사연구 중에서 가장 일반적인 방법이라고 할 수 있다. 그래서 전문적인 학술연구나 HRD 현장에서의 교육만족도 조사를 비롯하여 브랜드 선호도 조사, 정당 선호도 조사 등 실생활에서도 가장 익숙하게 사용되는 방법 중 하나다.

또한 다른 방법에 비해 데이터를 빠르게 쉽게 수집하면서도 효율적으로 정량화할 수 있기 때문에 조직맥락에서도 손쉽게 활용이 가능하다.

▌특징

설문조사는 연구방법이면서 한편으로는 문헌조사, 인터뷰, 관찰 등과 같이 데이터를 수집하는 가장 일반적인 방법이기도 하다. 따라서 설문 문항이 조사의 목적에 맞게 논리적이고 체계적으로 구성되어 있다면 누구나 쉽게 사용하면서도 의미 있는 데이터를 수집할 수 있다.

좋은 문항으로 구성된 설문조사의 경우 연구자의 개입이 없으므로 객관적인 데이터를 확보할 수 있다. 그리고 익명성이 보장된 상태에서 넓은 대상자에 쉽게 접촉하여 신속하게 진행될 수 있다는 장점이 있다.

반면 몇 가지 단점도 내포하고 있다. 첫째, 잘못된 응답이나 무성의한 응답 및 응답 과정에서의 실수 등을 보완하기 어렵다.

둘째, 자기보고식 응답이기 때문에 익명성이 보장된다고 하더라도 의도적으로 바람직한 응답을 하려는 경향을 보인다. 실제로 2014년 흡연율에 대한 설문조사에서 남성은 47.5%, 여성은 7.1%가 흡연자라고 응답하였으나, 소변검사에서 코티닌(cotinine)을 검출한 결과 남성은 55.1%, 여성은 18.2%가 흡연자로 나타났다(박현영, 2014).

셋째, 의도적으로 왜곡된 응답을 보일 수도 있다. 일례로 2001년에 영어권 인구조사에서는 뉴질랜드 인구의 1.3%, 잉글랜드와 웨일스 인구의 0.7%가 자신들이 믿는 종교가 영화 스타워즈에 나오는 가상의 종교인 '제다이(Jedi)'라고 응답하기도 하였다(김보영 외, 2019).

넷째, 설문조사는 대부분 과거의 기억이나 인상에 의존하기 때문에 응답자가 의도적인 조작을 하지 않더라도 실제값과 응답한 내용의 왜곡이 있을 가능성이 있다.

▌수행절차 및 방법

설문조사의 절차는 [그림 1-1]에서 보는 바와 같이 설문의 목적 및 내용을 정의하는 것으로부터 시작해서 설문지를 작성하는 것으로 마무리된다.

▼ 그림 1-1 **설문조사 수행절차 및 방법**

설문조사의 첫 번째 단계는 설문 목적 및 내용을 정의하는 것이다. 설문조사 자체가 매우 익숙한 방식이기 때문에 설문 문항부터 바로 설정하는 과오를 많이 범한다.

그래서 이를 방지하기 위해서는 무엇보다 먼저 알아보고자 하는 설문의 목적을 명확하게 하고 이에 따른 설문내용과 범위를 명백히 규정하는 것이 필요하다.

설문조사의 두 번째 단계는 모집단 및 표집방법을 선택하는 것이다. 설문 목적과 내용이 정의되면 다음으로는 모집단(population)을 설정한다. 모집단은 정보를 얻고자 하는 대상의 전체집합을 의미한다. 예를 들면, 설문조사의 모집단이 우리 회사 전체 근로자인지 아니면 우리 회사의 리더급인지를 사전에 설정하는 것을 말한다.

일반적으로 조직에서는 모집단을 하나도 빠짐없이 전부 조사하는 센서스(census)조사를 사용하기 어렵기 때문에, 모집단에서 실제 설문 대상인 표본(sample)을 어떻게 선정할지를 의미하는 표집(sampling) 방법을 <표 1−1>과 같이 선택해야 한다.

물론 여러 가지 상황이나 이유 등으로 인해 실제 현장에서는 편의표집을 많이 이용하지만 편의표집 방법은 표집이 모집단을 대표한다고 과학적으로 생각할 수 없는 표집방법이기 때문에 되도록 사용하지 않는 것이 바람직하다. 또한 모집단이 특정되는 경우에는 확률표집 방법을 쓰는 것이 바람직하다.

┃표 1-1 표집방법 및 실제 적용 사례

표집방법		설명	예시 (신입사원 모집단 100명 중 10명을 추출한다는 가정)
확 률 표 집	단순 무작위 표집	아무런 의식적인 조작 없이 무작위로 추출	신입사원 중 무작위로 10명을 추출
	군집 표집	모집단을 특정한 기준에 따라 서로 상이한 소집단(strata)으로 나누고, 이들 각각의 소집단에서 추출(소집단에 따라 특성과 응답이 차이가 나는 것이 예상)	남자 신입사원과 여성 신입사원 중에서 각각 5명씩 무작위 추출
	층화 표집	모집단을 적절하게 대표할 수 있는 군집(cluster)으로 나눈 후, 하나 혹은 일정수의 군집을 전부 조사(군집별 특성이나 응답 결과가 유사할 것이 예상)	신입사원 1팀~10팀 중에서 1, 3팀을 전부 조사
	체계적 표집	모집단의 각각에 번호를 붙여 놓고 일정한 간격에 따라 추출	신입사원 사번 1번, 6번, 11번, 16번... 46번 추출
비 확 률 표 집	할당 표집	미리 정해놓은 분류기준에 의해 전체표본을 몇 개의 집단으로 나누고 각 집단별로 필요한 만큼의 조사대상을 추출	수도권 출신 5명의 응답을 받을 때까지 추출 + 지방 출신 5명의 응답을 받을 때까지 추출
	의도적 표집	연구자가 연구의 목적에 비추어 주관적 판단하에 사례들을 말 그대로 의도적으로 추출	연구자가 연구 목적에 맞는 신입사원을 주관적으로 10명 선정
	눈덩이 표집	접촉한 대상에게 본인과 유사한 특성을 가진 다른 대상자들을 소개받아 연속적으로 표본을 찾아냄	신입사원을 조사하고 그 신입사원에게 다른 신입사원을 소개받음
	편의 표집	특별한 표집계획 없이 연구자가 임의로 가장 손쉽게 구할 수 있는 대상들 중에서 추출	사무실에 가까이 위치한 신입사원 10명 선정

설문조사의 세 번째 단계는 설문조사 방법을 선택하는 것이다. 설문조사 방법은 크게 면접조사, 우편조사, 전화조사, 인터넷조사 등으로 나눌 수 있다.

면접조사(interview survey)는 면접자(interviewer)를 통해 서로 직접 얼굴을 마주 보면서 진행된다. 선거 후 출구조사가 대표적인 사례이다. 우편조사(mailed survey)는 인쇄된 설문지를 우편으로 발송하여 이를 회수하는 방식으로 진행된다. 전화조사(telephone survey)는 전화를 통해 짧은 시간에 광범위한 정보를 수집하는 방식으로 주로 여론조사 등에 많이 사용된다. 최근에는 인터넷을 통한 온라인조사(online survey)가 주로 사용된다. 각 조사방법별 장점과 단점은 <표 1-2>와 같다.

▌표 1-2 **조사방법의 장점과 단점**

설문조사 방법	장점	단점
면접조사	• 설문 내용이 어려운 경우 바로 설명이나 도움이 가능하다. • 응답률을 높일 수 있다.	• 비용과 시간이 많이 든다. • 면접자의 태도가 설문응답에 영향을 미칠 수 있다.
우편조사	• 면접이나 전화가 힘든 응답자도 응답이 가능하다. • 응답자가 자신이 원하는 시간에 편하게 응답할 수 있다.	• 회수율이 매우 낮다. • 대리응답이나 불성실 응답을 막을 수 없다.
전화조사	• 빠른 시간 내에 조사를 수행할 수 있다. • 전화번호를 통해 쉽게 표본을 찾고 접근할 수 있다.	• 응답자로부터 협조를 얻기 힘들다. • 부재중이거나 통화가 어려운 상황이면 표본에서 제외된다.
온라인조사	• 설문지 작성이 가장 손쉽고 비용이 거의 들지 않는다. • 초보자도 손쉽게 사용할 수 있다. • 조사 도중 오류를 발견했더라도 즉시 수정이 가능하다.	• 사례품 등이 있는 경우 중복응답이나 허위응답의 가능성이 있다.

설문조사의 네 번째 단계는 설문 문항을 구성하는 것이다. 먼저 설문 문항의 유형은 설문하는 목적에 따라 달라진다.

설문의 목적이 행동이나 특성 등 사실적인 정보를 탐색하거나 확인하기 위한 것이라면 주로 빈도나 강도 또는 경향을 묻는 방식을 택한다. 예를 들면, 체크 리스트형이나 선택형 설문이다.

한편 설문의 목적이 신념이나 태도 등 내재적 정보를 탐색하거나 확인하기 위한 것이라면 주로 우선순위를 확인하거나 감정이나 인식 또는 분위기를 묻는 방식을 택한다. 예를 들면, 쌍대비교형이나 형용사 체크리스트형 설문이다.

다음으로는 설문 문항 척도를 구성하는 것이다. HRD 영역에서의 설문 내용은 대부분 인지된(perceived) 개념을 묻는 경우가 많다(예 만족도, 요구도, 수행도, 행복감 등). 이에 따라 1점에서 5점으로 이루어진 리커트 척도를 사용하는 것이 일반적이다.

그러나 보다 효과적인 데이터를 수집하기 위해서는 리커트 척도 외에도 스타펠 척도, 의미분별 척도, 쌍대비교 척도, 서스톤 척도, 거트만 척도 등 다양한 척도를 사용할 수 있다.

(리커트 척도) HRD현장에서 교육만족도조사, 요구조사 등에 가장 많이 사용되는 척도이며, 어떤 태도에 대한 긍정 또는 부정 정도의 수준을 측정한다. 일반적으로 5점 척도(매우 만족 – 대체로 만족 – 보통 – 대체로 불만족 – 매우 불만족)를 많이 사용하고 경우에 따라 3점 척도나 7점 척도도 사용할 수 있다. 또한 한쪽으로의 입장 표명이 분명해야 하는 경우에는 4점 척도를 사용하기도 하며 경우에 따라서는 5점 리커트 척도에 '잘 모르겠음'을 추가하여 사용하기도 한다.

리커트 척도는 인간의 능력이나 생각을 측정하기에 유용하며, 경제적이고 편리하여 수량화하기가 좋다. 그렇지만 자기보고식이므로 오류나 주관성이 개입될 여지가 높다. 그리고 각자 개인별로 생각하는 만족의 정도가 모두 다르다는 단점이 있다.

금일 진행한 교육에 대한 만족도에 대하여 응답해 주시기 바랍니다.					
	매우 만족한다	대체로 만족한다	보통 이다	대체로 불만족한다	매우 불만족한다
교육내용에 대하여 얼마나 만족하십니까?	5	4	3	2	1
강사에 대하여 얼마나 만족하십니까?	5	4	3	2	1
교육 기자재에 대하여 얼마나 만족하십니까?	5	4	3	2	1

(스타펠 척도) 특정 주제에 대한 표현들을 구체적으로 작성하고 양수와 음수로 이루어진 값의 범위를 지정하여 측정하는 척도이다.

우리 회사 연수원의 식당에 대하여 각각의 문항에 대해 평가해 주시기 바랍니다.										
−5	−4	−3	−2	−1	맛이 좋다	+1	+2	+3	+4	+5
−5	−4	−3	−2	−1	메뉴가 다양하다	+1	+2	+3	+4	+5
−5	−4	−3	−2	−1	직원이 친절하다	+1	+2	+3	+4	+5
−5	−4	−3	−2	−1	식당환경이 청결하다	+1	+2	+3	+4	+5

(의미분별 척도) 특정 주제나 개념에 대한 응답자의 주관적인 의미를 상반되는 형용사를 사용하여 평가하는 척도이다. 긍정적 – 부정적 의미의 형용사가 아니라 의미상 상반되는 형용사를 사용하는 것이 일반적이다.

우리 회사의 리더가 가져야 할 모습이라고 생각하는 것에 대하여 응답하여 주시기
바랍니다.

<table>
<tr><td></td><td colspan="6">←···   중간   ···→</td><td></td></tr>
<tr><td>가치중심의</td><td></td><td></td><td></td><td></td><td></td><td></td><td>목표중심의</td></tr>
<tr><td>학습중심의</td><td></td><td></td><td></td><td></td><td></td><td></td><td>성과중심의</td></tr>
<tr><td>뒤에서 지원하는</td><td></td><td></td><td></td><td></td><td></td><td></td><td>앞에서 이끄는</td></tr>
<tr><td>지원하는</td><td></td><td></td><td></td><td></td><td></td><td></td><td>지시하는</td></tr>
</table>

(쌍대비교 척도) 어떤 주제에 대한 다양한 값들을 정한 후 응답자
에게 그 값들을 둘씩 짝지어서 고르게 하는 척도이며 HRD에서는 교
육요구도 분석 등에 자주 사용된다.

추후 교육으로서 각각의 문항에서 둘 중 본인이 더 선호하는 교육내용을 선택하여
주시기 바랍니다.

1. 갈등관리 vs. 커뮤니케이션   2. 갈등관리 vs. 기획력
3. 갈등관리 vs. 회의스킬   4. 커뮤니케이션 vs. 기획력
5. 커뮤니케이션 vs. 회의스킬   6. 기획력 vs. 회의스킬

(서스톤 척도) 어떤 주제에 대해 예상 가능한 태도와 관련된 문항
들을 가능한 많이 확보한 후 심사자들을 통해 일정한 기준에 따라서
그 문항들을 정렬한다. 등간 척도의 성격을 가질 수 없다는 리커트
척도의 단점을 보완할 수 있고 수십 개의 문항을 사용할 수 있지만
개발 과정이나 절차가 매우 어렵다.

다음 중 본인이 생각하기에 동의한다고 생각하는 문항에 체크해 주시기 바랍니다.

문항	척도치	동의
회사에서 제공하는 교육은 복리후생 중 하나라고 생각한다.	3.6	
회사에서 제공하는 교육은 대체로 유익하다.	5.3	
회사에서 제공하는 교육은 개인을 발전시키는데 기여한다.	7.8	
회사에서 제공하는 교육은 현업을 하는데 도움이 된다.	6.9	
회사에서 제공하는 교육은 조직을 발전시키는데 기여한다.	7.4	
회사에서 제공하는 교육은 반드시 필요하다.	9.2	

※ 동의한 척도치들의 평균값이 응답자의 응답 점수

(거트만 척도) 문항들의 정도의 차이를 오름차순 또는 내림차순으로 구성하여 응답자의 위치를 세밀하게 파악하고자 할 때 사용한다.

다음 중에서 동료평가의 적용 수준을 어디까지 허용하는 것이 적절하다고 생각하십니까?

문항	찬성	반대
1. 파트 내에서의 동료평가		
2. 팀 내에서의 동료평가		
3. 본부 내에서의 동료평가		
4. 전사적인 동료평가		

설문조사의 마지막 단계는 설문지를 실제로 작성하는 것이다. 설문지를 작성하는 일관된 기준은 없으나 다음과 같은 항목을 포함하면 보다 용이하다.

(설문응답자 식별번호) 응답자 식별번호는 연구자에게 도움을 주기 위하여 응답자의 특성을 식별하기 위해 부여하는 번호이다. 설문 전 설문지에 각각의 코드를 붙일 수도 있고 설문 후 코드를 붙일 수도 있다.

(설문 목적 및 내용 소개) 응답자들이 설문에서 묻고자 하는 것이 무엇인지 파악하도록 설문 목적과 내용을 소개하는 내용이 포함된다. 단, 응답자가 지나치게 편향되게 응답하는 것을 방지하기 위하여 의도적으로 너무 구체적인 변수를 소개하지 않기도 한다. 예를 들어, 조직진단에 대한 설문을 한다고 가정할 때 '본 설문은 조직문화, 조직몰입, 직무만족에 관한 설문입니다.'라고 안내하는 것보다는 '본 설문은 조직에서 느끼는 일반적인 내용에 대한 설문입니다.'라고 안내하는 것이 더 바람직할 수 있다.

(설문 응답의 중요성 및 비밀보장에 대한 강조) 단순히 설문을 성실히 해달라는 요청보다는 응답의 결과가 실제로 어떻게 사용되고 그 결과가 나에게 어떻게 반영될지 안내하는 것이 보다 효과적이다. 또한 설문의 비밀보장을 안내할 때 응답자들이 보다 성실하게 응답할 수 있다.

(설문 문항 구성 및 소요시간 안내) 설문이 몇 개의 문항으로 구성되어 있고, 대략 어느 정도의 시간이 걸리는지에 대해서는 반드시 안내하는 것이 좋다. 이는 응답자 스스로가 설문에 소요되는 시간을 파악하고 성실히 응답할 수 있는 상황을 만들 수 있기 때문이다.

(연구자 소개 및 연락처) 응답자에게 연구자가 누구인지 정확하게

알려주는 것이 중요하다. 설문지에 대한 신뢰도를 줄 수 있을 뿐 아니라 설문지에 치명적인 오류가 있거나 응답 진행에 문제가 있는 경우에 도움을 줄 수도 있다. 조직 내에서 시행되는 경우에는 연구자가 아닌 연구 수행 부서와 연락처를 기록하는 것이 적절하다. 한편 추가적으로 특정 기관의 도움 및 연구비 지원을 받는 경우 이를 밝혀야 한다.

〈예시〉

☐☐ - ☐☐

신입사원 조직 만족-불만족 요인에 대한 설문

안녕하십니까? 본 설문은 신입사원들이 우리 회사에 만족감 및 불만족감을 느끼는 요인을 파악하기 위한 설문입니다. 여러분들께서 입사 후 회사생활을 하시면서 느끼는 개인적인 인식에 대하여 답하도록 구성되어 있습니다.

본 연구의 응답은 우리 회사 신입사원의 조직문화 개선을 위해 소중하게 사용될 계획입니다. 각 질문에는 정답이 따로 있지 않으므로 본인의 생각에 부합되는 것을 선택해 주시면 됩니다. 전체 응답 내용은 외부의 노출 없이 연구의 목적으로만 사용될 것입니다.

전체 문항은 총 25문항이며 약 20분 정도 소요될 예정입니다. 마지막까지 성실히 응답하실 것을 부탁드리며, 귀중한 시간을 내 주신데 대하여 깊은 감사드립니다.

년   월   일
인재개발팀(담당자 전화번호)

▌주의사항

설문조사는 보편적이고 익숙한 방법인 만큼 주변에서 어렵지 않게 다양한 양식과 예시 문항들을 구할 수 있다. 하지만 이를 사용하더라도 다음과 같은 측면에서는 주의를 기울이고 확인할 필요가 있다.

먼저 한 문항에는 응답자가 응답할 수 있는 한 가지의 개념만 물어본다.

[잘못된 예]	[수정된 예]
교육공간의 기자재가 적절하고 환경은 쾌적하였습니까? *(응답이 상반될 수 있는 2개의 개념을 물어봄)*	교육공간의 기자재는 적절하였습니까? 교육공간의 환경은 쾌적하였습니까?

다음으로는 연구자의 의도가 포함되거나 특정한 답을 유도하는 질문은 하지 않는다.

[잘못된 예]	[수정된 예]
추가적인 비용을 들여서 층에 휴게공간을 만드는 것이 적절하다고 생각하십니까?	각 층에 휴게공간을 새로 만드는 것이 적절하다고 생각하십니까?
사원들의 행복한 회사생활을 위하여 각 층에 휴게공간을 만드는 것이 적절하다고 생각하십니까? *(질문이 특정한 답을 유도하고 있음)*	

그리고 응답자가 혼란을 느낄만한 내용은 구체적인 단위나 개념 정의를 통해 물어본다.

[잘못된 예]	[수정된 예]
평소에 책을 얼마나 읽습니까? *(평소라는 개념이 모호함)*	1주일에 책을 읽는 시간은 약 몇 시간입니까?

[잘못된 예]	[수정된 예]
회사에서 하루에 음료수를 얼마나 많이 마십니까? *(음료수라는 개념이 모호함)*	회사에서 하루에 음료수(커피, 차, 탄산음료, 주스 등)를 얼마나 많이 마십니까?

아울러 응답할 모든 내용을 포괄하는 보기를 구성한다.

[잘못된 예]	[수정된 예]
상반기에 수강한 이러닝 과정은 총 몇 과정입니까?	상반기에 수강한 이러닝 과정은 총 몇 과정입니까?
①1~2개 ②3~4개 ③5~6개 ④7~8개 *(모든 응답을 포괄하지 못함)*	①0개 ②1~2개 ③3~4개 ④5개 이상

▌에피소드

많은 설문조사에서 '본 조사의 결과는 통계법 제33조에 의거하여 비밀이 보장되며'라는 문장을 쉽게 볼 수 있다. 그러나 실제로 통계법은 '중앙행정기관·지방자치단체 및 통계법 제15조에 따라 지정을 받은 통계작성지정기관'이 수행하는 통계에 대한 법령이기 때문에 개인적인 설문이나 회사에서 진행하는 설문은 통계법을 적용받지 않는다. 오히려 조직에서는 자신이 응답한 내용이 자신의 상사나 다른 사람들이 보게 되지 않을지에 대한 불안감을 해소해 주는 것이 더 바람직하다.

📖 참고문헌

김보영, 박상준, 심완선 (2019). SF 거장과 걸작의 연대기. 돌배게.

박현영 (2014.12.24). 담배 안 피운다고? ⋯ 흡연율 조사, 남녀 모두 거짓 말. 중앙일보.

02

온라인 설문조사(Online Survey)

▌개념

온라인 설문조사는 웹(web) 양식을 통해 설문지를 작성하고 다양한 온라인 매체를 통해 설문 자료를 수집하는 방법이다.

정부에서 통계를 작성하기 위해 시행하는 사회조사들은 전통적인 대면면접조사 방법을 통해서 수행되어 왔지만, 조직이나 HRD맥락에서 수행하는 설문조사 및 개인이 수행하는 설문조사는 편의성과 경제성을 이유로 하여 온라인 설문조사 방식으로 이루어지는 경우가 많다.

특히 우리나라는 언제 어디에서나 웹에 접근할 수 있는 환경이기 때문에 누구나 온라인 설문조사를 손쉽게 작성하고 활용할 수 있으며, COVID-19 등으로 대인 접촉에 대한 거부감이 높은 경우 더욱 활용도가 높다고 말할 수 있다.

▌특징

온라인 설문조사가 일반적이고 보편화된 이유는 실제 활용에 있어 아래와 같이 여러 가지 유용한 장점을 가지고 있기 때문이다.

첫째, 일반적인 설문조사에 비하여 값비싼 실시비용이나 전문적인 제작 기술이 없어도 데이터의 코딩(coding)[1]이나 펀칭(punching)[2]이 자동으로 이루어진다. 그리고 일정 부분 데이터 정제까지도 가능하여 설문조사가 끝난 즉시 바로 분석을 실시할 수 있다.

둘째, 설문조사 실시 링크나 QR코드 등을 통해 다수의 응답자에게 매우 빠르게 전파할 수 있다. 그리고 응답자는 시간과 장소에 구애받지 않고 원하는 환경에서 편하게 응답을 실시할 수 있다.

셋째, 기존 설문조사로 실시하기 힘든 음성이나 동영상 등 다양한 멀티미디어를 설문에 삽입하여 활용할 수 있다.

넷째, 설문조사 도중 오류나 수정사항을 발견했더라도 즉시 수정이 가능하다.

다섯째, 설문 응답에 따른 로직(logic)을 작성하여 응답자의 특성이나 응답에 따라 다른 질문을 제시할 수 있다.

여섯째, 유사한 설문이나 반복적인 설문이 필요한 경우 기존 설문조사를 활용할 수 있다.

반면 이와 같은 편리함에도 불구하고 온라인 설문조사는 몇 가지 중요한 단점이 있다.

첫째, 온라인 설문조사에서는 일반적으로 응답자가 스스로 응답 실시 여부를 선택하기 때문에 표집의 대표성 문제가 발생하기 쉽다. 또한 인터넷 사용이 어렵거나 능숙하지 않은 응답자는 설문에 대한 접근이 어렵다. 따라서 추리통계의 기본적인 가정을 확보할 수 없어

---

1) 코딩(coding): 응답내용들을 수치화 또는 부호화하여 코딩용지에 기록하는 과정
2) 펀칭(punching): 코딩과정을 통해 수치화 또는 부호화된 자료를 컴퓨터 파일에 입력하는 과정

서 설문조사 결과가 실제 신뢰할 만한 것인가에 대한 문제가 발생할 수 있다.

둘째, 응답자를 정확히 확인할 수 없다. 응답자가 응답 대상이 아닌 경우에도 응답을 할 수 있으며, 한 사람이 여러번 응답하는 중복 응답도 가려내기 힘들다. 특히 설문응답에 대한 사례품이나 경품 등이 있는 경우 중복응답이나 허위응답의 가능성도 있다.

셋째, 질문이 어렵거나 이해가 가지 않더라도 이에 대해 도움을 줄 수 있는 방법이 없다.

▌수행절차

온라인 설문조사를 위해서는 먼저 적절한 온라인 설문조사 도구를 선택하는 것이 중요하다. HRD에서 사용하는 만족도 조사나 간단한 요구조사 및 일반 설문을 위해서는 무료 설문조사 도구인 '네이버 오피스(Naver Office)'나 'Google 설문지(Google Forms)'로도 실시가 가능하다.

한편 유료 설문조사 도구로는 '서베이몽키(Survey Monkey)', '퀄트릭(Qualtrics)', '퀵서베이(Kwik Surveys)' 등이 있다. 유료 설문조사 도구들은 무료 설문조사 도구에서 제공하지 않는 다양한 질문 유형을 제공하고 보다 다양한 설문 커스터마이징 기능을 제공한다. 특히 응답에 따라 질문을 건너뛰거나 다른 질문으로 보내는 로직(logic)을 사용하여 설문조사를 맞춤화하여 제작할 수 있는 특징이 있다.

다음으로는 각 설문문항 유형이 내가 사용하고자 하는 설문조사 도구와 연계되는지를 확인해야 한다. 물론 일반적인 단답식 문항이나 선다형 문항의 경우는 무리가 없지만 특별한 문항 형식을 사용해야 한다면 어려움이 있다.

예를 들어, 왼쪽의 보기와 오른쪽 보기를 선으로 잇는 선긋기 형태의 문제의 경우 인쇄된 설문용지를 통해서는 매우 쉽게 표현이 가능하지만 온라인으로 표현하려면 '행렬형(matrix)' 문항으로 작성 후, 1개 행(raw)이 1개 열(column)만을 중복없이 선택하는 옵션을 추가해 주어야 한다.

따라서 설문조사 기획시에 구상했던 각 설문문항의 유형들을 실제 내가 사용하는 설문조사 도구로 연계하여 표현할 수 있는지를 확인할 필요가 있다. 만약 설문조사 도구가 제약이 있다면 설문 문항들의 표현형태나 질문방식 등을 수정하여 설문조사 목적을 달성할 수 있는 문항으로 재구성할 필요가 있다.

아울러 온라인 설문조사의 경우 설문 분량에 대한 자세한 안내가 없다면 응답자가 자신이 어느 정도의 설문을 진행했는지를 확인할 수 없다는 어려움이 있다.

따라서 온라인 설문조사시에는 설문 분량에 대한 지속적인 안내가 필요하다. 응답을 설문용지에 직접 작성하는 설문의 경우에는 전체 설문 용지가 얼마나 남았는지, 설문 문항이 얼마나 남았는지 등을 설문 응답자가 직접 확인하면서 응답을 진행할 수 있다.

예를 들어, 10페이지로 구성된 설문을 실시한다고 했을 때 응답자가 9페이지에서 설문에 대해 매우 피곤함을 느낀다고 생각해보자. 사실 1페이지만 더 작성하면 응답이 종료되지만 응답자의 입장에서는 1페이지가 남았는지 혹은 아직 많은 페이지가 남았는지 확인하기 힘들다.

이러한 경우 다수가 설문을 그만두게 되며 온라인 설문조사의 응답률이 상당히 낮아지는 결과를 가져온다. 따라서 온라인 설문조사에서는 특히 설문 분량에 대하여 지속적인 안내를 해서 전체 설문 조사 중 어느 정도를 진행했는지에 대한 정보를 제공할 필요가 있다.

이를 위한 방법은 다음과 같다.

첫째, 설문 안내 페이지에서 설문 분량에 대하여 명확하게 안내하는 것이다. 단순히 몇 분 정도 걸릴 것이라는 정보를 제공하는 것이 아니라 본 설문이 안내페이지를 포함하여 총 몇 페이지로 구성되어 있고 세부적인 질문들이 전체 몇 개인지를 구체적으로 밝히는 것이다. 한 질문이 여러 개의 질문으로 이루어져 있는 경우에는 세부 문항의 개수를 제시하는 것이 바람직하다.

특히 모바일로 응답하는 경우에는 응답 도중 설문을 중지하면 다시 설문으로 돌아가기 힘들기 때문에 응답자가 설문의 분량을 대략적으로 판단할 수 있는 자세한 정보를 주는 것이 중요하다.

둘째, 온라인 설문조사 작성 시 설문페이지 상단 또는 하단에 전체 설문의 몇 퍼센트가 진행되었는지를 보여주는 '진행률 막대(progress bar)'를 첨부하는 것이 매우 중요하다.

설문 안내를 자세히 읽지 않고 시작했더라도 실제 어느 정도 설문이 진행되어 있는지를 확인하면서 설문 응답이 가능하다. 진행률 막대 기능은 설문조사 도구에 따라 제공 여부가 다르기 때문에 사전에 해당 기능을 제공하는지 확인할 필요가 있다.

다만 응답자의 응답에 따라 페이지의 이동이 비약적인 설문의 경우(예를 들면, 총 10페이지의 설문에서 1페이지의 응답에 따라 2페이지 또는 6페이지로 이동) 오히려 진행률 막대가 혼동을 줄 수 있는 위험이 있다. 이러한 경우에는 사용 여부를 신중히 검토할 필요가 있다.

셋째, 설문 문항이 매우 많은 경우에는 몇몇 페이지에 안내문을 작성할 수 있다. '현재까지 전체 설문 문항의 50%를 완성하셨습니다. 힘드시더라도 마지막까지 응답해 주시기를 바랍니다.' 등의 안내문을 삽입할 수 있다.

한편 온라인 설문조사시에는 PC 응답자와 모바일 응답자에 대한 검토도 필요하다.

일반적으로 온라인 설문조사를 작성하는 입장에서는 설문조사의 구체적인 항목들을 PC로 작성하기 때문에 작성자가 설문을 응답자 입장에서 예비 테스트 할 때에도 PC로만 테스트 하는 경우가 많다.

그러나 실제 온라인 설문조사의 경우 대부분 인터넷 링크를 직접 배포하기 때문에 응답자는 스마트폰이나 스마트패드 등을 활용하여 모바일 환경에서 응답하는 경우가 훨씬 많으며 응답자의 연령이 어려질수록 모바일로 응답하는 비율이 상당히 높다. 따라서 예비 테스트를 할 경우에는 반드시 PC환경과 모바일 환경 모두 확인할 필요가 있다.

예를 들어, 아래의 [그림 2-1]에서 보는 바와 같이 행렬(matrix)

▼ 그림 2-1 **PC와 모바일에서의 설문화면**

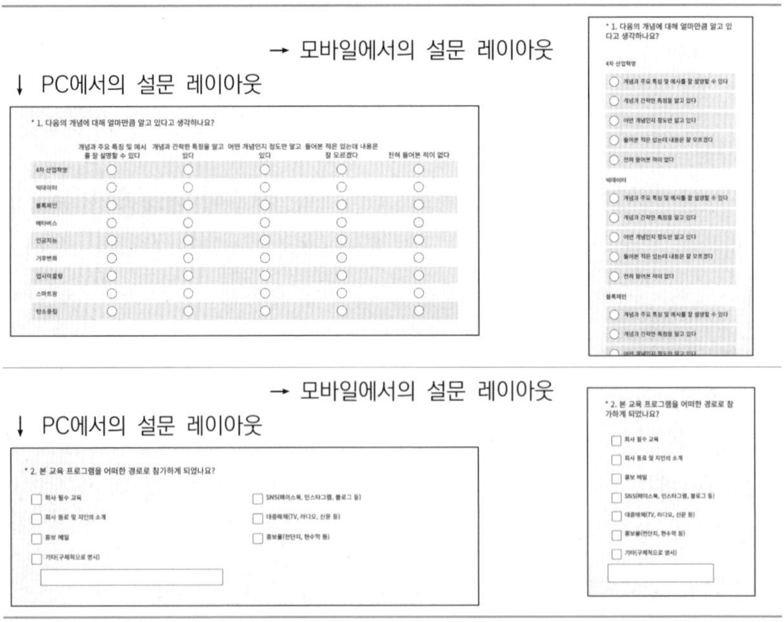

형 질문의 경우 PC에서는 가로로 보이는 선택지가 모바일에서는 세로로 보이게 된다. 따라서 선택지가 서열척도나 등간 척도일 경우에는 선택지가 내림차순으로 보일 수 있도록 배치하는 것이 적절하다.

또한 선택지의 개수나 문장의 길이에 따라 PC환경과 모바일 환경에서 응답자에게 나타나는 모습이 상당히 차이가 있을 수 있다. 설문 문항의 배열이나 디자인이 명확하지 않는 경우에는 응답자에게 혼란을 줄 수 있거나 문항의 의도를 정확히 전달할 수 없기 때문에 응답자가 직관적으로 이해할 수 있도록 설문 문항이 잘 확인되는지 PC와 모바일에서 모두 확인할 필요가 있다.

아울러 분석에 용이한 질문을 작성해야 한다. 온라인 설문조사의 경우 앞서 설명한 대로 별도의 코딩이나 펀칭을 하지 않아도 된다는 장점이 있다. 따라서 분석에 용이하도록 질문을 작성하면 추후에 더욱 편하게 다음 작업을 진행할 수 있다.

이를 위한 방법은 다음과 같다. 첫째, 단답형 응답의 경우 최대한 선택할 수 있는 문항으로 바꾸는 것이 좋다. '소속 부서는 어떻게 되십니까?'라는 질문의 경우 '영업', '영업1', '영업1팀', '영업 1' 등과 같은 응답들은 추후 분석을 매우 혼란스럽게 하는 답변들이다. 따라서 사전에 선택 가능한 부서명 전체를 확인하여 응답자가 이 중에서 선택할 수 있는 것이 보다 바람직하다.

각 부서별 의견을 묻고 싶다면 '영업 1팀'과 '영업 2팀'을 구별하여 다른 선택지로 설정할 수도 있으며 직무에 대한 의견을 받고 싶다면 '영업'이라고 제시하여 의견을 받을 수도 있다.

둘째, 단답형 응답을 받는다고 하더라도 최대한 형식을 제한하는 것이 좋다. '나이는 어떻게 되십니까?'라는 질문의 경우에도 '30', '30세', '30살', '만30' 등과 같이 하나의 응답을 다양하게 할 수 있기 때문에 추후 분석하는 입장에서 이를 정리하는 것은 매우 번거로운 일이다.

따라서 질문을 '만 나이는 어떻게 되십니까?(숫자만 입력)'이라고 수정한 후 실제로 해당 질문에는 숫자 값만 입력이 가능하도록 설정하는 것이 좋다.

셋째, 숫자만 입력하는 경우에는 특히 단위를 명확하게 하는 것이 중요하다. '근무 경력이 얼마나 됩니까(숫자만 입력)?'와 같은 질문에 대해서 응답자에 따라 '개월' 단위로 입력하는 경우도 있고 '년' 단위로 입력하는 경우도 있다. 따라서 근무시간, 근속년수, 비용 등 숫자만 입력하는 경우에는 반드시 단위를 명확하게 제시할 필요가 있다.

끝으로 필수응답을 구별하는 것이다. 대부분의 온라인 설문조사에서는 각 문항별로 '필수응답'을 하도록 설정할 수 있다. 그래서 응답자가 필수응답 문항을 답변하지 않으면 다음 페이지로 넘어갈 수 없거나 설문을 종료할 수 없다.

특별한 구분 없이 모든 응답자가 모든 문항을 응답해야 하는 경우에는 모든 문항에 필수응답을 설정하는 것이 좋다. 그러나 주관식 설문의 경우 필수응답 설정에 유의할 필요가 있다. 무응답이 있을 수 없는 질문의 경우에는 필수응답을 설정할 필요가 있지만 '~에 대하여 자유롭게 의견을 작성해 주십시오.'와 같은 질문에는 '없음', '없다', '…', '.', '-'등과 같은 불필요한 응답들이 수집될 수 있기 때문에 필수응답 설정을 해제하는 것이 좋다.

▌에피소드

실제 상황에서는 상당히 많은 상황에서 설문조사 링크를 메일이나 메신저를 통해 공유하는 방식으로 응답자에게 안내되고 응답자가 다른 응답자에게 링크를 다시 보내는 스노우볼 방식(눈덩이 표집)이 많이 사용된다. 다만 눈덩이 표집 방식이 반드시 나쁜 표집방법이라고 말할 수는 없으나 설문의 의도와 관계없는 엉뚱한 응답자에게 링크가 전달되어 자료가 수집될 수 있는 위험성이 내포되어 있다.

설문대상과 관계없는 자료가 수집되어 별도의 선별 없이 그대로 분석에 사용될 경우에는 잘못된 결론을 도출할 수 있는 위험성이 있고 분석 전에 이러한 자료가 선별되더라도 별도의 작업을 필요로 하기 때문에 효율적이지 못하다.

이를 방지하기 위해서는 설문 안내 페이지에 설문 대상의 요건(연령, 성별, 직무 등)을 구체적으로 명시할 수 있다. 또한 설문지 첫 문항에 설문 대상이 맞는지에 대한 문항을 추가하고 적절한 대상이 아닌 경우 로직을 통해서 바로 설문을 종료시키는 등 보다 확실한 방법을 사용할 수 있다.

(예 신입사원을 대상으로 하는 설문의 경우, 근속 개월 수 또는 입사일을 묻는 질문을 넣고, 해당 조건을 만족하지 않는 경우 더 이상 진행하지 않고 안내문과 함께 설문 종료)

03

포커스 그룹 인터뷰
(Focus Group Interview)

▌ 개념

포커스 그룹 인터뷰(Focus Group Interview, 이하 F.G.I)는 대표적인 정성적인(qualitative) 조사 방법 중 하나이다. 일반적으로 5~10명의 조사 참여자가 한 장소에 모여서 토론을 통해 의견을 제시하게 되며 그 과정에서 자료를 수집하는 방법이다.

▌ 특징

F.G.I는 탐색하고자 하는 주제에 적합한 공통적인 특징을 지니고 있는 적정수의 참여자들을 대상으로 주어진 주제에 집중하여 토론을 진행토록 함으로써 조사를 수행하게 된다(Barker & Rich, 1992).

다수의 응답자로부터 의견을 수집하기 위한 방식 중 가장 일반적이면서 널리 사용되는 방식은 설문조사이다(Zaller, 1992). 실제로 설문조사의 장점은 모집단을 대표하는 표본을 추출하여 다수의 응답자를 대상으로 수집한 자료를 정량적으로 기록하고 분석하는 것이 가능하다는 점이다(Singleton & Straits, 2005).

그러나 설문조사는 구조화된 질문에 응답자들이 짧은 시간 동안 답을 하게 되는 특성상 응답자들의 심층적인 의도 혹은 태도를 파악하기에는 제한적이라는 한계가 있다. 반면 F.G.I는 특정 주제에 대해 의견을 제시하고 논의하는 과정에서 참여자들의 내면적인 태도를 확인할 수 있기에 설문조사의 한계를 보완하기 위한 조사방법으로 활용되고 있다.

F.G.I에서는 토론 진행 과정에서의 집단 내 활발한 상호작용을 통해 좀 더 즉흥적이면서 창의적인 반응이 발현될 수 있다(Sim, 1998). 즉 F.G.I는 특정한 주제에 대해 토론하는 과정에서의 참여자들 간의 상호작용에서 나타나는 역동과 집단 활동에 주목한다(Krueger, 1994). 따라서 F.G.I에서 가장 중요한 것은 참여자들 사이에서 유대감을 형성하고 상호작용을 활성화하는 것이다.

이러한 점에서 F.G.I는 연구진행자와 응답자 간 1:1로 진행되는 개별 인터뷰와 구별된다. 개별 인터뷰에서의 가장 중요한 작동 기제가 연구 진행자와 응답자 간의 상호작용이라고 한다면 F.G.I에서는 참여자들 사이의 상호작용이라고 할 수 있다.

집단 내 상호작용에 중점을 두는 F.G.I의 특징은 기타 질적 조사 방법인 집단 인터뷰나 델파이와도 차별화되는 지점이다. 한자리에 모인 참여자들을 대상으로 단기간에 가능한 많은 정보를 확보하고자 하는 집단 인터뷰나 전문가 집단을 대상으로 하여 개개인의 의견을 별도로 확보하고자 하는 델파이 연구와는 다르게 F.G.I는 전체 집단의 의견은 개별 응답자 의견의 총합 이상의 의미를 지니고 있다는 것을 가정하고 있다.

F.G.I의 장점을 요약하자면, 다음과 같다.

첫째, 집단을 대상으로 한 장소에서 진행되는 F.G.I의 특성상 개인마다 별도로 인터뷰를 진행하는 것에 대비하여 자료 수집 기간이 비교적 짧으며 비용 역시 절감할 수 있다.

둘째, F.G.I는 다각적인 측면에서의 응답자 관찰 및 자료 수집이 가능하다. 참여자들이 한자리에 모여 상호작용을 주고 받는 과정에서 연구 진행자는 응답자의 비언어적인 특징이나 구어적인 표현 등을 면밀하게 관찰할 수 있다.

셋째, 의견 제시, 제시된 의견의 명료화, 후속 질문 제시 등을 통해 좀 더 심층적인 탐색을 진행하는 것이 가능하다.

넷째, 자유로운 분위기 속에서 토론을 진행하는 과정에서 참여자들이 타인의 의견에 반응을 보이고 새로운 의미를 구성하는 등의 상승효과가 일어나게 되며 기대하지 못했던 통찰이 이루어지기도 한다.

마지막으로 참여자들의 좀 더 자연스럽고 적극적인 의견 표출과 반응을 이끌어 낼 수 있다. 연구 진행자와 응답자가 1:1로 마주하는 상황에서는 개인이 자신의 의견을 적극적으로 개진하는 데 불편함을 느낄 수 있지만 집단 토론 상황에서는 타인의 의견에 자극을 받고, 공감하는 과정에서 좀 더 솔직하게 자신의 관점을 노출시킬 가능성이 있다.

✎ F.G.I의 장점

- 개별 인터뷰 대비 자료 수집 기간 및 비용 절감 가능
- 다각적인 측면에서 응답자 관찰 및 자료 수집 가능
- 심층적인 추가 탐색이 가능
- 토론 참여자 간 상호작용을 통한 상승효과 획득 가능
- 참여자들의 자연스럽고 적극적인 의견 제시와 반응 유도 가능

▌수행절차

F.G.I의 단계별 수행 절차는 [그림 3-1]과 같이 탐색하고자 하는 주제와 대상을 정의하는 것에서부터 시작한다. 해당 단계에서는 F.G.I를 통해 얻고자 하는 정보의 종류와 형태 그리고 정보를 획득하고자 하는 대상은 누구인지가 명확히 제시되어야 한다. 그리고 F.G.I는 특정한 하나의 주제를 심층적으로 탐구하기 위한 목적으로 이루어지기에 설정된 연구 문제의 범위가 너무 넓거나 지나치게 일반적인 수준에서 정의된 것은 아닌지 점검해야 한다.

▼ 그림 3-1 F.G.I 연구절차

두 번째 단계에서는 F.G.I에 참여할 인원을 결정한다. 이를 위해서는 첫 번째 단계에서 연구 문제에 대한 명확한 진술이 이루어진 다음, 해당 문제와 관련된 모집단을 대표할 수 있는 참여자 목록을 정의해야 한다.

세 번째 단계에서는 면담 지침서를 작성하게 된다. 면담 지침서에는 F.G.I의 주제, 연구 질문, 면담 진행을 위한 시간과 장소의 확인, 참여에 대한 보상 등이 포함되어야 한다. 이렇게 작성한 면담 지침서를 안내자료로 활용하여 참여자를 모집하게 된다.

네 번째 단계에서는 참여자를 한자리에 모이게 하여 포커스 그룹 토론을 진행한다. 이때 토론의 과정과 내용은 사후 분석을 위해 사전 동의를 통해 녹음 또는 녹화를 진행하게 된다.

마지막 단계로 수집된 자료를 분석하고 결과를 해석하는 과정을 진행한다. F.G.I의 분석은 목적에 따라 토론 내용의 요지와 관찰 내용의 간략한 요약에서부터 질적 코딩과 같은 보다 정교하고 심층적인 분석적 접근법까지 다양한 적용을 통해 이루어지게 된다.

▮ 적용사례

김희봉, 송영수 (2013). 국내 대기업 조직구성원의 팔로워십 역량 도출 및 역량의 상대적 중요도 분석. HRD연구, 15(3), 29-51.

해당 연구에서는 국내 대기업 조직구성원에게 요구되는 팔로워십 역량을 개발하기 위한 연구 절차 중 예비조사 단계에서 개방형 설문과 F.G.I를 진행하였다. F.G.I의 진행은 다음과 같이 이루어졌다.

1. 연구 문제
   • 현장에서 인식하는 팔로워십 역량의 탐색

2. 참여대상
   • K사 인재개발원 팀원 4명과 I경영연구원 컨설턴트 4명
     – 리더십과 팔로워십에 대한 연구 경험 및 조직 내 리더와 팔로워 역할 수행 경험을 보유한 자로 선정

3. 사전 안내
   • 연구대상자들 간 팔로워 및 팔로워십에 대한 동일한 개념과 관점을 유지한 가운데 응답할 수 있도록 인터뷰에 앞서 연구자가 설명을 제공함

4. 면담 진행

- F.G.I에 앞서 대상자들과 개인별(1:1)로 1시간 내외로 중요사건 인터뷰(critical incident interview) 진행
  - 팔로워로서 조직의 성과창출 및 직무수행 간 성공사례를 확인
  - 추상적인 표현은 연구자가 재질문하거나 재해석하여 구체적인 표현으로 수정 및 확인하는 절차 진행
  - 중요사건 인터뷰를 실시한 결과에 대해 참여자 전원이 합의함
- F.G.I는 2012년 5월 30일과 6월 15일에 2시간씩 진행

5. 자료분석

- 수집된 자료분석에 대한 안면 타당도를 확보하기 위해 HRD 및 리더십 분야에서 5년 이상의 경력을 보유하고 현재 활동하고 있는 HRD 박사 1명, 경영학 박사 1명, 교육학 박사 1명의 전문가 검토와 교육학 박사 1명, 교육공학박사 1명에 의한 동료검토를 실시함
- F.G.I에서 수집된 자료는 내용분석을 통한 범주화 및 각 단위별 빈도분석을 통해 <표 3-1>에서 보는 바와 같이 적극적인 태도, 책임감, 협력성, 긍정적 사고, 조직중심 사고, 솔직한 보고, 성실성, 창의성, 주도성, 시간관리 등으로 분석됨

▌타 연구방법과의 혼용방법

F.G.I는 종종 설문조사와 병행하여 진행되기도 한다. 정량적인 조사방법인 설문조사와 정성적인 조사방법인 F.G.I에서 분석한 결과를 결합하여 도출하였을 때 각각의 조사방법별 장점을 극대화할 수 있기 때문이다.

F.G.I에 앞서 모집단에서 F.G.I보다 더 큰 규모의 표본을 추출하여 설문조사를 진행한다면, F.G.I의 참여자 명단을 어떻게 정의해야 하는지 그리고 F.G.I를 통해 좀 더 심층적으로 탐색해야 하는 연구 질문은 어떻게 설정해야 할지 명확히 하는 데 도움이 될 수 있다.

▌표 3-1 **F.G.I 결과**

팔로워십 역량	1차(n=4)		2차(n=4)	
	빈도수	비율(%)	빈도수	비율(%)
적극적인 태도	-	-	1	25.0
책임감	-	-	1	25.0
협력성	4	100.0	-	-
긍정적 사고	1	25.0	3	75.0
솔직한 보고	2	50.0	1	25.0
성실성	1	25.0	-	-
시간관리	-	-	1	25.0
유연성	1	25.0	-	-
학습의지	3	75.0	1	25.0
차분함	1	25.0	-	-
유머감각	1	25.0	-	-
자발성	1	25.0	2	50.0
리더이해	1	25.0	1	25.0

출처: 김희봉, 송영수 (2013)의 연구 재구성.

▌**주의사항**

F.G.I를 본격적으로 진행하기에 앞서 성공적인 자료수집 및 결과 도출을 위해서는 반드시 점검해야 하는 준비사항들은 다음과 같다.

첫째, 탐색하고자 하는 논의 주제가 명확히 정의되어 있어야 한다.

둘째, 참여자들 간의 상호작용을 촉진할 수 있는 숙련된 토론 진행자가 있어야 한다.

셋째, 참여자 집단은 논의 주제와 연구 질문에 대한 심층적인 논의가 가능한 대상으로 신중하게 선택되어야 한다.

넷째, 참여자들이 한자리에 모여서 일정 시간 동안 자유롭고 공개적인 의견 교환을 할 수 있는 장소가 준비되어야 한다.

▌에피소드

F.G.I의 목적은 집단 토론 중 이루어지는 의사소통의 과정에서 발현되는 사람들의 의견과 반응에서 자료를 수집하는 것이다. 따라서 참여자들이 비구조적, 개방적인 방식으로 광범위하게 자신들의 경험과 사고를 기반으로 의미를 구성하고 탐색할 수 있도록 토론의 분위기와 환경을 조성해야 한다.

이를 위해 무엇보다 중요한 것은 토론을 이끌어나가는 진행자의 역할이다. 연구 진행자는 본격적인 토론에 앞서 집단 내 정서적인 유대감이 형성되도록 분위기를 조성하여 참여자들이 가능한 솔직하게 자신의 경험과 의견을 공유할 수 있도록 유도해야 한다.

또한 자연스러운 분위기 속에서 참여자 간 즉흥적인 상호 반응을 유도하고 심층적인 추가 질문을 통해 개별 인터뷰 혹은 설문조사보다 좀 더 넓은 범위에서 풍부한 의견들이 수렴될 수 있도록 토론을 진행해 나가야 한다.

이러한 역할을 성공적으로 수행하기 위해서는 F.G.I의 진행자가 논의되는 주제에 대해 충분히 숙지하고 있어야 하며 토론을 적절하게 이끌어나가는 촉진자의 임무를 수행할 수 있는 경험과 역량을 갖추고 있어야 한다.

📖 참고문헌

김희봉, 송영수 (2013). 국내 대기업 조직구성원의 팔로워십 역량 도출 및 역량의 상대적 중요도 분석. HRD연구, 15(3), 29-51.

Barker, Gary K. & Rich, Susan. (1992). Influences on adolescent sexuality in Nigeria and Kenya: Findings from recent focus-group discussions. *Studies in Family Planning*, *23*, 199-210.

Krueger, Richard A. (1994). *Focus groups: A practical guide for applied research*. Sage Publications.

Sim, Julius. (1998). Collecting and analysing qualitative data: issues raised by the focus group. *Journal of Advanced Nursing*, *28*(2), 345-352.

Singleton, Royce A. & Straits, Bruce A. (2005). Approaches to social research (4ed.). *Oxford University Press*.

Zaller, John R. (1992). The nature and origins of mass opinion. *Cambridge University Press*.

04

심층 면접(In-depth Interview)

▌개념

심층 면접은 연구자(면접자)가 응답자에게 직접 말로 질문하고 그 질문에 대해 응답자가 자신의 말로 대답하면 이것을 기록하여 필요한 자료를 수집하는 방법이다. 또한 심층 면접은 다른 사람들의 생생한 경험을 깊이 있게 탐구함으로써 그 경험 속에 내재된 의미를 이해하고자 하는 방법이기도 하다.

따라서 심층면접은 면접 주제에 관하여 응답자의 감정, 관점, 태도, 행동, 가치 등과 관련하여 미묘하고 복합적인 부분에 관한 깊이 있는 정보와 이해를 추구하는 면대면 대화를 일컫는다.

▌특징

심층 면접은 객관적 검사로서는 알 수 없는 질문에 응답한 이유와 응답의 맥락을 구체적으로 알아낼 수 있다. 또한 면접 목적에 맞는 일정한 정보를 얻고자 이루어지는 공식적인 의사소통이다.

그래서 심층면접은 일정한 형식과 구조를 지닌 대화이며 연구자

(면접자)와 응답자의 관심 주제에 대해 진행되는 의도적인 대화이다.

따라서 면접자의 관심 주제에 도움이 되는 정보를 수집하기 위해서는 관심 있는 주제에 대해 풍부한 경험이 있는 응답자를 선별하고 계획된 질문과 형식을 갖추어야 한다.

이러한 연구자와 응답자 간의 의도적 대화를 통해서 면접자가 관심을 갖는 주제와 관련한 지식을 생산할 수 있다.

심층 면접의 특징

- 면접자의 관심 주제에 대한 면접자와 응답자 간 의도적 대화
- 계획된 질문과 형식을 갖추어 정보를 수집
- 연구자가 관심을 갖는 주제와 관련된 지식을 생산

┃ 유형

심층 면접은 면접의 목적, 참여하는 인원 수, 면접 계획이나 내용 혹은 문항이 사전에 구조화되는 정도, 응답의 기술, 접촉시간 등에 따라 여러 가지 유형으로 분류할 수 있다.

심층 면접의 일반적인 분류는 면접의 구조화 정도에 따른 분류로 첫째, 구조화된 면접(structured interview)이 있다. 이는 표준화 면접, 지시적 면접으로도 일컬어지는데 미리 준비된 질문지에 따라 질문의 내용과 순서를 지키면서 진행되는 면접이다.

구조화된 면접은 질문의 형식과 내용 그리고 제시방식이 사전에 치밀하게 준비되어 면접 계획에 따라 일관성 있는 면접이 이루어진다.

이 면접에서는 모든 응답자에게 동일한 절차로 면접이 반복되며 모든 질문과 예상되는 답변이 준비되어 있어야 한다.

이러한 면접법은 수집한 자료의 변이가 크지 않기 때문에 자료

를 분류하고 코딩하는데 편리하다. 또한 동일한 질문을 하기 때문에 응답자 간 비교가 가능하며 반복적인 연구가 가능하다는 등의 여러 가지 장점이 있다.

이와 함께 질문이 표준화되어 있기 때문에 질문 시 오류를 최소화할 수 있으며, 비교적 높은 신뢰도를 보장할 수 있다. 아울러 면접 과정을 보다 신속하게 진행시킬 수 있기 때문에 조사시간과 경비를 절약할 수 있다.

그러나 일정한 면접조사표를 가지고 면접 대상자에게 일률적으로 적용하기가 불가능하다는 점은 단점이다. 또한 면접자 중심으로 면접이 진행되기 때문에 응답자의 의견을 충분히 알아내기 힘들며 규격화된 조사표에 따르기 때문에 융통성 있는 질문을 할 수 없어 응답자의 보다 심층적인 답변과 지식을 파악하기는 어려울 수 있다.

둘째, 비구조화된 면접(unstructured interview)이다. 이는 비표준화 비지시적 면접기법으로 면접 계획을 세울 때 면접 목적만 명시하고 내용이나 방법은 면접자에게 전적으로 일임하는 방법이다.

비구조화된 면접은 면접 상황에 따라 융통성을 발휘할 수 있으며 상황에 따라서 계획에 없던 질문을 첨가하거나 때로는 준비한 질문을 생략하고 질문 순서를 바꿀 수도 있다.

또한 비구조화된 면접은 자연스런 대화의 방식으로 응답자의 자발적이고 솔직한 의견을 알아낼 수 있으며 응답자의 의견을 충분히 자세히 알 수 있다.

이 면접에서는 면접자와 응답자 모두 주제에 대해 상세하게 물어보고 답할 수 있기 때문에 결과의 타당도가 높다. 그리고 면접자와 면접 대상자 간의 공감대 형성으로 정확한 자료를 얻을 수 있으며 깊이가 있거나 새로운 내용을 탐색하기 쉽다는 장점이 있다.

그러나 각 면접마다 수집한 자료의 변이가 크기 때문에 자료 비교가 쉽지 않으며 자료가 정형화되어 있지 않기 때문에 기록하고 부호화하며, 분석하는 것이 어렵다. 또한 질문과 응답이 표준화되어 있지 않기 때문에 수집된 자료의 신뢰도는 상대적으로 낮다. 아울러 면접과정에 대한 통제가 없기 때문에 시간과 경비가 많이 드는 단점이 있다.

셋째, 반구조화된 면접(semi-structured interview)이다. 이는 구조화된 면접과 비구조화된 면접의 장단점을 보완하는 방법으로 중요한 질문은 일정한 수로 구조화하되 그 외의 질문은 비구조화하는 방법이다.

사전에 면접 계획은 치밀하게 세우되 실제 면접 상황에서는 융통성 있게 진행하는 방법으로 일반적으로 가장 많이 사용되고 있다. 이를 위해서는 고도의 훈련된 면접자가 필요하며 면접자는 면접 대상자들의 속성과 경험을 충분히 알고 있어야 한다.

▌수행절차

심층 면접의 절차는 연구 목적의 정의, 면접 대상의 표집, 면접 형식의 설계, 면접 질문 개발, 면접자의 선별과 훈련, 예비검증, 본 면접의 실시와 기록 그리고 자료분석의 8단계로 구분한다. 또한 [그림 4-1]과 같이 면접 대상 선정, 질문지 설계, 면접 진행, 자료 분석 단계의 4단계로 진행하는 경우도 있다. 보다 간편한 심층 면접의 4단계를 살펴보면 다음과 같다.

▼ 그림 4-1 **심층 면접 연구절차**

1단계: 면접 대상 선정

면접 대상의 선정은 연구 목적과 연구 형태에 따라 다르다. 조사 연구라면 면접 대상은 다수의 사례가 될 것이며 F.G.I의 경우 4~6명 내지는 많아도 7~10명 정도로 선정하는 것이 효과적이다. 대부분의 심층 면접에서는 연구 목적에 맞게 목표 표집법(purposeful sampling)을 활용하여 대상을 선정하는 것이 일반적이다. 목표 표집법이란 연구의 목적을 위하여 연구자가 의도적으로 표집을 하는 것으로 연구 문제나 연구 목적 그리고 연구대상에 대한 정보에 기초하여 연구대상을 선정하는 방법이다.

2단계: 질문지 설계

질문지 설계는 면접 유형에 따라 개발 여부가 달라질 수 있다. 비형식 회화 면접의 경우 질문형식은 즉석에서 이루어지는 경우가 많으나 그 외의 경우는 폐쇄형 또는 개방형 질문으로 사전에 결정하는 것이 바람직하다. 면접 과정에서 좋은 질문은 면접자의 능력에 달려 있는데 구조화된 면접의 경우 면접 조사표를 사용한다. 면접 조사표의 각 질문들은 논리적인 순서로 일관성 있게 배열해야 한다.

3단계: 면접 진행

심층 면접은 연구자와 연구 참여자가 만나는 상황적 요인들에 의해 면접의 내용이나 방향이 결정되는 경향이 강하기 때문에 면접 과정을 미리 예견하기는 쉽지 않다. 그러나 일반적으로는 <표 4-1>과 같이 사전 준비단계, 전환단계, 몰입단계, 종료단계로 이루어진다.

단계	세부 내용
사전 준비 단계	• 면접 전 면접의 목적과 과정이 설명되고 명료화되는 단계 • 연구자는 심층 면접 대상자가 자신이 해야 할 일에 대해 정확히 파악했는지를 　확인하는 것이 가장 중요(사전 문서화된 자료 공유) • 연구 동의서, 장소와 시간, 녹음기 사용 여부에 대한 사전 협의
전환 단계	• 연구자와 심층 면접 대상자가 서로 탐색하면서 면접의 단계로 이행하는 단계 • 면접의 주제를 광범위한 범위 내에서 자유롭게 교환하여 심층 면접 대상자의 　성향과 특성을 파악하여 면접상황에서 활용을 모색
몰입 단계	• 연구자와 심층 면접 대상자 간의 대화가 연구 문제를 중심으로 깊이와 폭을 　더 해가는 본격적인 면접단계 • 면접 중 발생하는 갈등에 대한 연구자의 진실된 자세 및 열의 필요 　– 사소한 갈등: 약속시간 미준수, 면접 취소 　– 심각한 갈등: 가식적인 답변이나 진실을 거부 • 심층 면접 대상자에 대한 윤리적 배려를 우선적으로 고려
종료 단계	• 주제와 관련하여 대상자에게 면접 내용을 다시 한 번 확인해보거나 다른 　대안의 가능성을 확인하여 면접이 종결되는 단계 • 면접 종결 후 면접을 다시 요청할 수 있는 여지 언급 • 면접 종결 후 냉철하게 연구 결과 정리

출처: 신옥순(2005)의 연구 재구성.

4단계: 자료 분석

면접종료 후 연구자는 수집된 자료를 분석하기 위하여 1차 단계로 개방코딩(open coding)을 실시한다(5장 참조). 개방코딩은 수집된 자료로부터 의미있는 진술문을 중심으로 개념을 추출하고 추출된 개념에 대하여 범주화하는 분석 작업을 의미한다.

이러한 작업을 위해 연구자는 각각 전사된 면접내용들을 반복해서 읽어가며 의미있는 진술문을 발췌한다. 그리고 해당 진술문 옆에 내용과 관련된 코드를 기재하면서 주요 의미를 파악한다.

이어서 2차 단계에서는 연구자가 개방코딩에서 발췌한 진술문들을 공통적인 코드로 최종 수정하고 통합하는 작업을 수행한다. 마지막으로 면접을 통해 정리된 키워드별 빈도를 정리하여 빈도 수에 따라 연구결과를 종합하여 기술한다.

일반적으로 이 과정에서 1차 단계는 연구자 스스로 진행하고 2차 단계는 동료연구자나 전문가와 검토과정을 거치는 경우가 많다. 이를 통해서 연구자의 주관적인 오류를 조금이나마 방지할 수 있다.

▌적용사례

전선호, 송영수 (2021). 조직구성원의 긍정심리자본 개발을 위한 긍정리더십 역량 모형 탐색. **경영교육연구**, 36(6), 23-49.

1단계: 면접 대상 선정

심층 면접에서 면접 대상 선정 사례는 <표 4-2>와 같이 정리할 수 있다. 면접 대상 선정은 목표 표집법으로 리더십에 대한 사전 지식이 있는 기업 HRD 분야 종사자를 대상으로 팔로워와 리더급 인력을 추천받아 이 중 팔로워 그룹은 경력 5년 이상 5명을 선정하고 리더 그룹은 경력 10년 이상 5명을 선정하였다.

▌표 4-2 **심층 면접 대상자 선정 사례(n=10)**

그룹	소속	직책	성별	나이	경력
팔로워	W기업	팀원	남	38	10년
	I기업	팀원	남	34	6년
	S기업	팀원	남	33	5년
	H1기업	팀원	여	34	8년
	H2기업	팀원	여	32	5년
리더	S기업	파트장	남	41	15년
	M생명	팀장	남	50	20년
	C기업	팀장	남	42	14년
	W기업	팀장	여	47	15년
	H재단	팀장	여	37	11년

2단계: 질문지 설계

심층 면접에서 질문지 설계는 <표 4−3>과 같이 리더십과 긍정심리자본과의 관계에 대해 리더와 팔로워를 대상으로 경험의 세부사항 재구성하기, 의미에 대해 숙고해 보기로 설계하였다.

▌표 4-3 질문지 설계 사례

그룹	구성	질문 내용
팔로워 그룹	경험의 세부사항	• 긍정심리자본에 대한 관심도와 성과 간의 경험 • 리더십과 긍정심리자본 간의 관계에 대한 경험 (긍정적/부정적 변화의 경험)
	의미 숙고	• 자신들의 긍정심리자본 향상을 위한 리더 역할 반추 • 조직의 리더들이 가져야 할 긍정리더십의 구성요소
리더 그룹	경험의 세부사항	• 긍정심리자본에 대한 관심도와 성과 간의 경험 • 리더십과 긍정심리자본 간의 관계에 대한 경험 (긍정적/부정적 변화의 경험)
	의미 숙고	• 팔로워들의 긍정심리자본 향상을 위한 리더 역할 반추 • 자신들에게 필요한 긍정리더십의 구성요소

4단계: 자료 분석

심층 면접에서 자료 분석은 <표 4−4>와 같이 전사한 내용을 계속 읽어가면서 의미있는 진술문에 키워드를 기재하면서 정리할 수 있다.

▌표 4-4 심층 면접 자료 분석 사례

심층 면접에서 키워드(역량) 도출 예
팀장이 비전이나 업무 방향을 제시할 필요가 있다고 생각합니다*(방향 제시)*. 아울러 이번 일을 잘 완수하면 어떤 역량에 도움이 되는지 팀원의 성장에 대한 관심을 보여주는 것도 필요하다고 생각합니다*(구성원 역량개발)*... 팀장과 팀원이 동등한 위치가 아니다보니 일하면서 나의 상황이나 감정을 이해해 주면*(타인이해)*... 내가 한 일에 대해서 팀

장이 구체적인 피드백을 해 주었을 때*(피드백 제공)*... 무엇보다 일 중심의 리더보다는 사람 중심의 리더가 저의 긍정성에 도움이 된 기억*(관계)*... 종종 팀장이 의사결정을 미루거나 책임을 지지 않으려고 하면 팀장에 대한 신뢰와 일에 대한 자부심도 떨어지는 것*(의사결정)*... 팀장이 팀원들과 함께 고민해주고, 모범적인 모습을 보여주면 팀원들이 더 잘 따르게 되는 것*(솔선수범)*...

    심층 면접 결과에 대한 키워드 정리는 자료 분석에서 도출된 키워드를 최종 공통적인 키워드로 수정하고 통합하여 <표 4-5>와 같이 정리할 수 있다.

▌표 4-5 **심층 면접 결과 구성요인 키워드 정리 사례**

구분	팔로워 그룹					리더 그룹					총계
	F1	F2	F3	F4	F5	L1	L2	L3	L4	L5	
관계형성		1	3	3	1	2	3	3	1		17
피드백 제공(*)	3		2	2	2	3		1			13
방향제시(*)	1	2			1	2	2	2	2	1	13
솔선수범(*)		1	1	1			1	3		1	8
자기관리					1	2	2	1	1	1	8
구성원 역량개발(**)	2	1	2	2	1						8
계획 및 조직화		1	2	1	1				2		7
타인이해(*)	2	1			1				2	1	6
의사결정(*)		1	1	1	1					1	5
임파워먼트(*)				1	2		1			1	5
상호존중(*)					1	1	1	1			5
지적자극	1	1	1		1						4

(*) 심층 면접을 통해 추가된 키워드, (**) 팔로워 그룹만 언급한 키워드

▌타 연구방법과의 혼용방법

심층 면접은 독자적으로 활용되는 경우도 있다. 예를 들면, 특정 내용을 분석하기 위한 연구 시에 사전 선행연구를 통해서 핵심적인 심층 면접의 질문을 개발하고 이를 전문가들을 통해서 적절한 문항으로 선정한다. 그리고 선정된 문항을 토대로 심층 면접을 실시하여 연구결과를 제시할 수도 있다.

타 연구방법과 혼용 시에는 연구의 객관성 확보와 더 깊이 있는 연구결과를 제시하는데 활용될 수 있다. 예를 들면, 설문조사 등 양적연구 후에 양적 연구결과에서 드러나지 않는 정성적 분석을 심층 면접을 통해 제시할 수 있다. 또한 선행연구 결과에 대한 한계를 보완하고 새로운 요소를 탐색하기 위해 현장 전문가를 대상으로 심층 면접을 진행하는 경우도 있다.

▌주의사항

심층 면접을 진행하는 연구는 신뢰도를 향상시킬 수 있는 삼각검증(三角檢證, triangulation)이 필요하다. 대부분의 연구자들이 객관적 연구결과를 도출하기 위해서 노력을 하지만 독자들의 입장에서는 어느 정도 부족한 부분이 있을 수 있다. 따라서 내·외부 전문가의 자문 및 협업 등 검증 시스템을 구축하여 연구의 객관성을 최대한 확보하기 위해 노력할 필요가 있다. 삼각검증은 여러 자료와 여러 가지 자료수집 방법을 통해 수집된 자료로부터 수렴하고 다른 연구자에 의해 연구내용을 검증함으로서 확증하는 것이다. 이러한 검증과정은 연구의 이해와 신뢰성 증진에 크게 기여한다.

대표적인 단계별로 살펴보면 최종 질문 문항을 구성하는 단계,

심층 면접 내용을 분석하는 단계, 심층 면접의 최종 결과를 정리하는 단계에서 연구자 1인이 하는 것보다는 동료나 외부 전문가의 지속적인 피드백을 받아가면서 단계별로 검증을 하는 것을 권장한다. 가장 좋은 방법은 연구를 시작할 때 동료 및 외부 전문가와 협의체를 구성하여 연구 전 단계에 대한 검증 시스템을 만드는 것이라고 할 수 있다.

▌에피소드

심층 면접을 진행하기 위해서는 연구 참여자의 익명성 보장이 가장 중요하다. 왜냐하면 심층 면접의 목적은 타 연구결과에서 드러나지 않는 부분에 대해서 세심하고 면밀한 참여자들의 의견을 제대로 알기 위함이다. 따라서 참가자들의 신분이 노출이 되지 않는 연구는 크게 상관없지만 참가자들의 신분이 노출되는 연구에서는 익명성이 보장되지 않으면 면접 참가자들이 깊이 있는 의견을 꺼리는 경향이 있을 수 있다. 따라서 개인의 프라이버시를 고려하여 면접 진행을 신중하게 진행해야 한다.

또한 개별 면접은 상관없지만 집단 면접이라면 동일 계층끼리 진행하는 것이 좋다. 왜냐하면 상사와 함께 면접을 할 경우 상사의 눈치를 보게 마련이기 때문이다.

한편 연구에 따라서 참가자의 신원을 알 수 있는 경우가 종종 있다. 이런 연구에서는 사전에 이해관계자 간에 익명 보장에 대한 부분을 충분히 합의할 필요가 있다. 이를 통해서 연구 참여자들이 진솔하고 깊이 있는 의견을 낼 수 있다. 그리고 연구 결과에서도 연구 참여자의 익명을 알 수 있는 정보 등은 최대한 언급하지 않는 것이 좋다. 예를 들면, A그룹, B그룹, C그룹으로 면접을 했을 경우 민감한 부분은 그룹을 명시하지 않고 전체 의견에 포함시키는 것도 방법일 수 있다.

실제로 심층 면접을 진행했을 때 일부 참가자는 좋은 취지로 연구하는 것에는 동의하지만 심층 면접 대상자로 선정된 것에 대해서는 상당히 부담을 느꼈다. 또한 연구결과가 구성원들에게 공개된다는 점에서 자신의 의견을 제시하는데 상당히 조심스러워하는 것을 목격하였다. 따라서 심층 면접의 목적이 제대로 이루어질 수 있도록 사전에 익명성 보장에 대한 부분을 확실히 할 필요가 있다.

📖 참고문헌

김석우, 최태진, 박상욱 (2015). **교육연구방법론**. 서울: 학지사.

성태제, 시기자 (2014). **연구방법론(2판)**. 서울: 학지사.

신옥순 (2005). 교육연구를 위한 심층면접법의 의의와 활용. **경인교육대학교 교육논총, 25**(1), 121 – 139.

전영국, 배성아, 이현주 (2013). 초상화법에서 사용되는 심층면담에 관한 탐구: 동반자적 관계 형성과 주관적 요소 탐색을 중심으로. **교육인류학연구, 16**(3), 1 – 29.

Borg, W. R., Gall, M. D., & Gall, J. P. (1996). *Educational Research: An Introduction (6th ed.)*. Longman.

Corbin, J., & Morse, J. M. (2003). The unstructured interactive interview: issues of reciprocity and risks when dealing with sensitive topics. *Qualitative Inquiry, 9*(3), 335 – 354.

Corbin, J., & Strauss, A. (2008). *Basics of qualitative research: Techniques and procedures for developing grounded theory* (3rd ed.). Los Angeles, Sage Publications.

Padgett, W. J.(1988). 16 Nonparametric estimation of density and hazardrate functions when samples are censored. *Handbook of Statistics, 7*, 313 – 331.

Seidman, I. (2009). **질적연구방법으로서의 면담: 교육학과 사회과학 분야의 연구자들을 위한 안내서** (박혜준, 이승연 역). 학지사. (원저 1998 출판)

Skinner, J. (ED.). (2013). *The interview: An ethnographic approach*. New Tork, Bloomsbury.

05

개방 코딩(Open Coding)

▌개념

개방 코딩(open coding)이란 연구자가 인터뷰와 각종 문서 등을 바탕으로 밝히고자 하는 어떠한 현상에 대해 최초 범주화(categories)를 시키는 과정이다. 이는 특정 현상에 대해 개념(concept)을 명확히 하고, 그 속성(properties)과 수준(dimensions)을 자료 내에서 형성해 나가는 과정이기도 하다.

개방 코딩 단계에서는 사례와 글 자료를 분류하면서 찾고 있는 현상에 대해 이름을 붙이는 과정(개념화)에서 출발하여 유사하거나 의미상 관련이 있다고 여겨지는 사건 및 상호작용의 특정한 속성을 대표하는 설명적 용어인 범주와 하위범주를 구성한다.

이를 정리하면 연구자가 면접 등을 통해 수집된 내용을 개념화와 범주화라는 과정을 통해서 체계적으로 정리하는 것이라고 할 수 있다.

▎특징

개방 코딩의 목적은 구체적인 자료에 근거하여 조직화된 구조를 발견하고 일반적인 설명을 위한 이론을 생성하는 것이다. 따라서 그 절차와 과정이 구체적이고 체계적이다.

개방 코딩 과정에서는 자료의 반복적 비교를 통해 현상을 범주화하는 과정을 반복하며 이 과정을 통해 하위 수준의 개념에서 상위 수준으로 개념적 진전을 한다. 이렇게 개념을 범주화하는 작업은 많은 양의 자료를 줄일 수 있고 관리하기 쉬운 자료로 축소시킬 수 있다는 특징을 갖는다.

✎ 개방 코딩의 특징

• 이론 생성을 위한 절차와 과정이 구체적이고 체계적이다.
• 자료에 대한 반복적 비교를 통해서 상위 수준으로 개념적 진전을 한다.
• 개념의 범주화를 통해서 관리하기 쉬운 자료로 축소시킨다.

▎개방 코딩 관련 용어들의 정의

개방 코딩을 이해하는 데 있어서 도움이 되는 주요 관련 용어들의 정의를 살펴보면 다음 <표 5-1>과 같이 정리할 수 있다.

▎표 5-1 개방 코딩 용어 정리

용어	정의
현상(phenomena)	자료 내에 개념으로 제시되는 중심생각
개념(concepts)	현상에 붙여진 이름

용어	정의
하위범주 (subcategories)	범주와 관련된 개념으로, 범주를 보다 명확히 하고 구체적으로 해 주는 요소
상위범주(categories)	현상을 대표하는 개념
속성(properties)	범주의 특성, 범주를 정의하고 의미를 부여하는 것에 대한 서술
차원(dimensions)	범주의 일반적 속성이 변화하게 되는 범위로 범주에 구체성을 주고 이론에 변화를 주는 요소

위의 <표 5−1>과 같이 제시된 현상, 개념, 하위개념, 상위개념을 실제 개방 코딩 사례로 적용해 보면 [그림 5−1]과 같이 정리할 수 있다. 먼저 자료 내에서 중심 생각인 공감대를 현상으로 선정하고 이를 공감대 만들기로 개념화하며 하위 범주로 역지사지의 자세, 상위범주로 상호 존중으로 범주화하는 것이다.

▼ 그림 5-1 **개방코딩 사례**

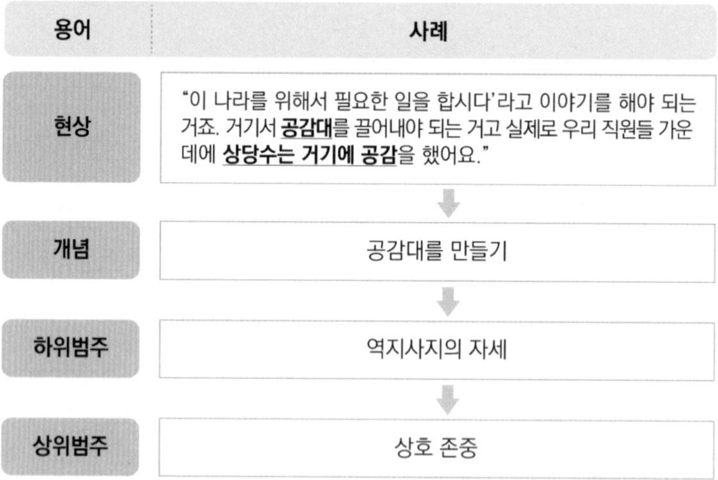

용어	사례
현상	"이 나라를 위해서 필요한 일을 합시다'라고 이야기를 해야 되는 거죠. 거기서 **공감대**를 끌어내야 되는 거고 실제로 우리 직원들 가운 데에 **상당수는 거기에 공감**을 했어요."
개념	공감대를 만들기
하위범주	역지사지의 자세
상위범주	상호 존중

출처: 한준섭(2017)의 연구 재구성.

▍수행절차

개방 코딩의 절차는 크게 자료 수집과 자료 분석 그리고 결과 제시로 구분할 수 있다.

자료 수집 단계는 면접 대상을 선정하고 면접을 진행하는 단계이다. 이 내용에 대해서는 심층면접 부분을 참고하면 된다.

자료 수집 후 자료 분석 및 결과제시 단계는 [그림 5-2]와 같이 개념화, 범주화, 결과제시의 3단계로 진행하며 세부적으로 살펴보면 다음과 같다.

▼ 그림 5-2 **개방 코딩 연구절차**

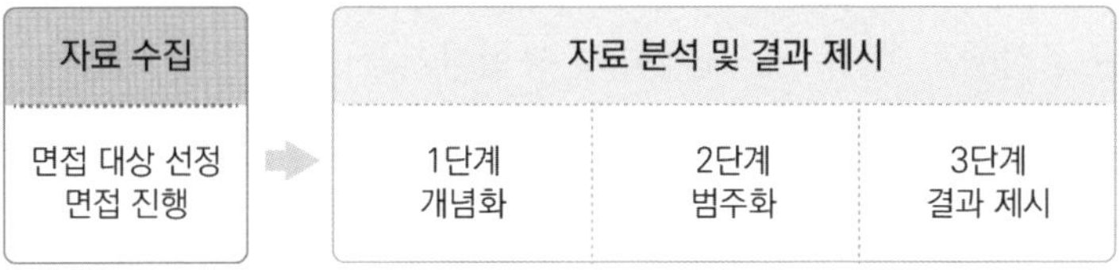

자료 수집	자료 분석 및 결과 제시		
면접 대상 선정 면접 진행	1단계 개념화	2단계 범주화	3단계 결과 제시

1단계: 개념화

개념화란 연구자가 심층 면담 등을 통해 얻은 문서 자료를 의미를 가진 단위(단어, 문장, 문단)로 지정하여 행간을 분석하고 개념을 찾아내서 이를 정의하는 작업을 의미한다.

자료는 분리된 사건, 사고, 상황, 행동들로 분해되는데 이들을 대표할 수 있는 이름을 부여하는 추상화 작업이라고 할 수 있다.

개념은 특정한 속성을 공유하고 있기 때문에 공통의 이미지가 생긴다. 예를 들어, 새나 연, 비행기에 대해 이야기할 때 이것들은 비록 크기와 형태 등이 다르다 하더라도 각각은 날 수 있다는 구체적 속성을 가지고 있다. 그래서 이를테면 비행물체라고 분류할 수 있는 것이다.

개념화를 위해서는 먼저 문단을 구성해야 한다. 연구자는 분석을 위해 원자료를 하나하나 읽어가면서 문단을 하나의 단위로 구분하여 코딩을 한다. 이렇게 연구 참여자가 진술한 경험이 상황, 동기나 원인, 사건, 행위, 결과 등의 내용에 따라 문맥이 전환되면 이를 하나의 문단으로 구분한다. 그리고 연구자는 각각의 문단에 적어도 하나 이상의 개념을 부여하여 연구 참여자의 경험을 재구성한다.

다음으로는 비교 분석이다. 이는 문단을 한줄 한줄 읽어가면서 문단에서의 표면적 의미와 내면적 의미에 중점을 두고 자료들 간의 유사성과 차이점을 비교하는 것이다.

이 때 공통의 특징을 공유하고 있는 개념들은 통합하고 분류가 필요한 개념들은 세분화한다. 이 과정에서 연구자는 원자료를 의미가 있는 조각들로 분류 및 해체하고 통합하기를 반복하여 개념을 완성시킨다.

2단계: 범주화

범주화란 추출한 개념들을 모으고 범주를 형성해 나가는 과정이다. 이는 유사한 현상을 나타내는 개념, 의미상 관련성이 높은 개념들을 하나의 범주로 묶는 작업을 의미한다.

본질상 개념적으로 유사하거나 의미상 관련되어 있다고 여겨지는 사고나 사건, 물체, 작용 및 상호작용은 범주라 불리는 한층 추상적인 개념 하에 마무리된다.

범주화 작업은 텍스트를 통해 얻은 수십 개의 개념을 더 추상적인 상위 개념 아래에 분류하여 연구자의 작업하고 있는 단위의 숫자를 줄일 수 있다.

범주화를 위해서는 먼저 맥락에 맞는 범주를 발견해내야 한다. 이는 각각의 개념들에서 연구자가 중요하게 생각하는 문제나 쟁점 및 관심사를 기반으로 개념들을 가장 논리적으로 서술할 수 있는 범주를 생각해 내는 것이다. 범주는 현상을 대표하는 것이기 때문에 연구의 맥락에 따라서 서로 다른 이름을 주어야 한다. 예를 들어, 새, 비행기, 연을 연구 맥락에 따라 비행체, 전쟁도구 등으로 다르게 범주화할 수 있다.

다음으로는 속성과 차원에 따라 범주를 발전시키는 것이다. 속성은 하나의 범주 내에서 일반적 혹은 구체적 특성이나 특질인 반면, 차원은 연속선상이나 범위 내에서 한 속성의 위치를 나타내는 것이다.

예를 들어, '색깔'의 개념을 사용해서 설명해 본다면 속성은 명도, 채도, 색상 등을 의미하며 이러한 속성은 각각 차원화될 수 있다. 색깔은 농도에 따라서는 어두운 것에서 밝은 것으로, 채도에 따라서는 높은 것에서 낮은 것으로 다양할 수 있다.

연구자는 개념과 개념을 비교할 때 그 개념에 내재되어 있는 속성과 차원에 따라 비교하고 비슷한 것끼리 구분하면서 범주를 더욱 발전시킨다.

3단계: 결과 제시

개방코딩에 대한 결과 제시는 현상은 문장으로 서술하고 개념, 하위범주, 상위범주를 표로 제시하는 것이 일반적이다. 구체적인 사례는 적용사례를 참고하면 된다.

▌개방 코딩 분석에 필요한 전략

개방코딩 분석 전략은 크게 개방코딩을 위한 질문, 민감성 향상 그리고 반복적 비교라고 할 수 있다.

첫 번째 전략은 개방 코딩을 위한 질문이다. 코딩 단계에서 아래의 질문을 염두에 두고 연구자가 선정한 각각의 코딩 단위에 대해 자료의 개별적 요소, 아이디어, 사건 및 행위 등을 분리하고 이를 대표하는 명칭을 찾아내면 효과적이다.

- '이 자료는 무엇에 관한 자료인가?'
- '자료가 제안하는 것은 무엇인가?'
- '누구의 관점에서 분석을 하는가?'
- '특정한 자료 하나하나가 지칭하는 이론적 범주는 무엇인가?'
- '여기서 어떤 일이 일어나고 있는가?'
- '어떻게 정의를 내릴 수 있는가?'
- '이 과정이 어떻게 진행되는가?'
- '참여자들은 어떻게 행동하고 있나? 이 행동은 무엇을 의미하는가?'
- '중요한 생각이나 걱정은 무엇인가?'

두 번째 전략은 민감성 향상이다. 민감성이란 수집된 자료에서 미묘한 뉘앙스와 단서가 암시하는 의미 혹은 포인트를 포착하고, 자료에 대해 무엇이 중요한지 인식하고 의미를 부여하는 능력이다. 이는 개방 코딩 중 발생하는 많은 양의 자료들 중 어떠한 현상이나 사건들을 암시하고 있는 미묘한 차이점과 유사점들을 발견해내는 통찰력을 의미하는 것으로 개방 코딩에서 매우 중요한 요소라고 할 수 있다.

따라서 연구자는 자신이 보유하고 있는 전문지식과 경험에 기반하여 지속적으로 자료와 비교하고 연구자의 해석이 정확한지를 지속적으로 확인해야 한다.

세 번째 전략은 반복적 비교이다. 반복적 비교는 연구자가 자료를 수집하는 동시에 자료를 분석하는 과정이면서 이러한 과정을 반복하는 것을 의미한다.

이 과정에서는 각각의 개념과 범주를 형성하고 서로 다른 개념과 유사개념을 분류하고 서로 다른 개념과 유사한 개념들 사이의 연관성을 지속적이고 반복적으로 비교해야 한다.

▌적용사례

> 한준섭 (2017). 개방형 고위 공직자의 조직 사회화의 리더십: 근거 이론의 적용. 박사학위논문, 성균관대학교 대학원.

이 연구에서 적용된 코딩 결과의 일부를 <표 5-2>를 통해 살펴보면 원자료는 문장으로 서술하고 개념, 하위범주, 상위범주는 표로 제시했다는 것을 알 수 있다.

✏️ 새로운 업무방식을 시도

"국가시스템이라는 게 혼자만의 생각으로 가는 거는 곤란하니까. 그런 토론을 거치고 필요하면 산업연구원에 용역을 주어서 그런 의견도 수렴하고. 나름대로 합리적인 결론을 내려고 시도를 한 거죠."
→ 새로운 시각과 방법으로 부딪히기

"처음에는 제가 설계를 했지만, 설계를 한대로 조직이 만들어지는 것은 아니기 때문에, 그 조직의 미션과 기능에 대한 설명, 조직구성원들에 대한 여러 가지 교육훈련을 많이 했어요."
→ 합리적 대안으로 설득하기

"지시만 하는 게 아니라 지시를 할 때는 합리적인 방향으로 지시를 해야 하고. 어떤 배경이 있지 않습니까? 그게 대안으로써 지시를 하는 거고. 문제점만 계속 지적하고 이런 건 곤란한 거죠. 담당국장이 세세하게 이렇게 하는 건 오히려 일을 방해하는 거니까. 컨트롤해서 방향을 잡아주고 이런 것들은 해야죠."
→ 지시와 피드백

상위범주	하위범주	개념
새로운 업무방식을 시도	교육하고 설득하기	새로운 시각과 방법으로 부딪히기 합리적 대안으로 설득하기 지시와 피드백
	솔선수범	행동으로 보여주기 현장을 자주 방문하기
실천 의지	현장 경험의 습득	현장 경험을 습득
	전문 지식의 실천	능력발전의 기회 전문가로서의 비전을 실천
	도전하기	새로운 분야에 대한 도전 투쟁정신

출처: 한준섭(2017). 개방형 고위 공직자의 조직 사회화의 리더십.

┃ 타 연구방법과의 혼용방법

개방 코딩은 독자적으로 연구방법이라기보다는 심층 면접 등 질적연구의 수행절차 중의 단계로서 활용되는 연구방법이라고 할 수 있다. 이는 면접 결과 도출 및 이론 생성을 위한 질적연구의 기본적인 분석을 위한 단계에서 많이 활용된다.

또한 한 차원 높은 질적연구에서 상위 코딩 단계인 축 코딩, 선택 코딩의 전단계로 활용이 된다. 이는 이론이나 모형화를 위한 가장 기본적인 단계라고 할 수 있다.

┃ 주의사항

개방코딩을 통해 도출된 개념이나 범주에 대한 명명화는 연구자의 주관이 들어갈 수밖에 없기 때문에 삼각검증(triangulation)의 과정이 필요하다. 개념과 범주가 잘못 연결되는 오류를 방지하기 위해 연구자는 각 요소가 어떤 의미인지를 명확히 인식하고 전문가를 통해 검증해야 한다.

이와 함께 이름을 붙인 것에 대한 적절성과 명명화(naming)과정에서도 논리적인 이유를 제시하고 범주와 관련한 면접의 전사 내용도 전문가에게 전달하여 검증을 받을 필요가 있다.

또한 개념화 과정에서 개념수가 너무 많지 않도록 해야 할 필요가 있다. 너무 많은 개념수가 도출되는 경우는 연구자가 원자료를 단어나 문장 단위로 분절하여 개념화하기 때문에 발생하게 된다. 따라서 연구자는 문장 2~3개 정도의 문단을 단위로 분절화하여 개념화할 필요가 있다.

▌에피소드

개방 코딩에서 개념, 범주 정의는 매우 중요하다. 연구자는 자신의 지식이나 경험이라는 고정된 틀에서 벗어나지 못하는 경우가 있는데 이럴 경우 개념에 대해서 독자들과 이견이 있을 수 있다. 앞서 주의사항에서도 언급했듯이 삼각 검증을 통해 맥락에 맞는 개념 정의가 필요하다. 그렇지 못한 경우 최종 연구 결과물에 대해서 제3자가 개념과 범주에 대한 이견이 있다면 연구 결과를 수정해야 하는 난처한 상황이 발생할 수 있다.

📖 참고문헌

김소선 (2003). 근거이론 연구방법의 이론과 실제. **간호학탐구**, 12(1), 69-81.

유기웅, 정종원, 김영석, 김한별 (2012). **질적연구방법의 이해**. 박영사.

이숙정, 이경아 (2007) 특수교육 질적 연구방법으로서 근거이론 이론과 실
    제. **정신지체연구**, 9(1), 123-147.

한준섭 (2017). 개방형 고위 공직자의 조직 사회화의 리더십: 근거 이론의 적
    용. 박사학위논문, 성균관대학교 대학원.

Strauss, A., Corbin, J. (2001). **근거이론의 단계**. 현문사.

06

t검정(t-test)

▌개념

t검정은 모집단을 대표하는 표본에서 두 모집단의 평균 차이가 있는지를 판단하기 위해 시행하는 통계적 검정이다. t검정은 그룹에 따른 평균 차이를 확인해야 하는 다양한 분야에서 활용되고 있다. 예를 들어, 교육 프로그램의 시행 후 강사에 따라 수강생들이 만족도에 차이가 있는지 혹은 새로운 인사제도의 도입 이후 직무 분야별 조직몰입 정도가 달라졌는지를 확인해야 하는 상황 등에서 적용할 수 있다.

t검정의 가장 큰 장점은 Z검정과는 달리 모집단의 분산이나 표준편차를 알고 있지 못할 때도 수행이 가능하다는 것이다. 연구자가 실제 분석을 수행하는 대부분의 경우 전체 모집단의 분산과 표준편차를 알아내는 것이 쉽지 않다. 또한 전체 모집단을 대상으로 조사 혹은 실험을 진행하는 것에는 현실적인 제약이 많이 따르기에 불가능한 경우가 많다. 대신 t검정에서는 모집단을 대표하는 표본을 설정한 후 표본에서 분산과 표준편차를 추정하여 두 모집단의 평균 차이 여부를 검증한다.

t검정 분석기법을 활용한다면 전체 모집단에서 일부 표본으로 실험한 결과를 토대로 전체 모집단에 적용할 수 있기 때문에 실무적인 활용성이 매우 높다고 할 수 있다. 예를 들어, A안과 B안 중 더 효과성이 높은 방안을 선택해야 할 때 표본을 설정하여 효과성을 비교 분석한 다음 그 결과에 따라 의사결정을 내릴 수 있다.

▌종류

t검정은 두 집단의 평균을 비교 대조하는 분석기법이기 때문에 독립변수는 범주형 변수(예 A집단, B집단), 종속변수는 연속형 변수(예 숫자 데이터)로 구성된다. t검정을 수행하기 위해서는 종속변수의 모집단의 분포가 정규분포를 이루고 있어야 한다. 따라서 표본의 수가 중심극한정리를 가정할 수 있는 최소 30개 이상을 충족할 때 실행이 가능하다.

t검정은 비교하는 두 집단의 정의에 따라 일표본 t검정, 독립표본 t검정, 대응표본 t검정으로 분류한다.

1) 일표본 t검정

일표본 t검정은 이미 모두가 알고 있는 공공연한 사실과 내가 가진 표본과의 차이점을 검증하고 싶을 때 적용할 수 있는 검정 방법이다. 예를 들어, 우리 기업의 전체 근로자의 평균 근로시간은 일 7시간인 것으로 정해져 있다고 가정해보자. 그렇다면 정말로 우리 기업의 근로자들이 1일 평균 7시간의 근로를 하는 것인지 확인하고 싶을 때 전체 근로자 중 일정 수 인원(예 100명)의 근로시간 표본을 확보하여 일표본 t검정 분석을 수행하게 되는 것이다.

2) 대응표본 t검정

대응표본 t검정은 종속표본 t검정이라고도 부른다. 이는 동일 표본을 대상으로 특정한 시점을 기준으로 하여 사전－사후에 평균값의 유의미한 차이가 발생하였는지를 검증하기 위한 방법이다. 대응표본 t검정의 예를 들어보면, 하루 평균 10%의 불량이 발생하는 공장에서 새로운 공정 방식을 도입한 이후 불량 발생 건수가 5%로 감소하게 되었다고 가정했을 때 이러한 감소 결과가 단순한 우연으로 발생한 것인지 아니면 새로운 공정 방식 도입이라는 특정한 시점의 사건으로 인해 유의미하게 나타난 차이인지를 판단하는 것이다.

3) 독립표본 t검정

독립표본 t검정은 서로 다른 2개의 표본을 측정하여 평균값의 차이가 있는지를 확인할 때 수행하는 검정방법이다. 예를 들면, 특정 교육 훈련 프로그램을 이수한 집단과 이수하지 않은 집단 간의 직무 수행 역량에 차이가 있는가 또는 직급에 따라 동일 교육 프로그램에 대한 만족도에 차이가 있는가 등의 상호 유사하거나 대립되는 표본을 비교하여 평균값이 차이가 나는지를 확인하기 위해 적용한다.

🖊 t검정의 종류

- 1개의 표본에 대한 1회 측정 평균 분석: 일표본 t검정
- 1개의 표본에 대한 2회 측정 평균 분석: 대응표본 t검정
- 2개의 표본에 대한 1회 측정 평균 분석: 독립표본 t검정

▎분석방법

t검정은 SPSS statistics 프로그램을 활용하여 분석이 가능하다.

일표본 t검정, 대응표본 t검정, 독립표본 t검정의 SPSS statistics 분석 절차 및 보고 방식은 다음과 같다.

🖊 일표본 t검정 연구문제

• 우리 기업의 1일 평균 근로시간은 7시간이다. 정말로 우리 기업 근로자들의 1일 근로시간이 7시간이 맞는지 총 100개의 표본을 설정하여 검정해 보기로 하였다.

귀무가설: 우리 기업 근로자의 1일 평균 근로시간은 7시간이다.
대립가설: 우리 기업 근로자의 1일 평균 근로시간은 7시간이 아니다.

SPSS 활용 분석하기

[data set의 구성]

100명의 직원들의 1일 평균 근로시간이 7시간인지 확인하기 위해 직원별(번호 임의 할당) 근로시간을 [그림 6-1]의 예시와 같이 입력하여 데이터를 구성한다.

▼ 그림 6-1 일표본 t검정 데이터 예시

	A	B	C
1	번호	근로시간	
2	1	7.2	
3	2	6.8	
4	3	8.0	
5	4	7.0	
6	5	7.0	
7	6	7.0	
8	7	7.0	
9	8	7.0	
10	9	7.0	
11	10	7.4	
12	11	7.0	
13	12	7.0	
14	13	7.0	
15	14	7.0	

[Step 1]

분석 ⇒ 평균 비교 ⇒ 일표본 t검정 클릭

▼ 그림 6-2 **일표본 t검정 메뉴 선택**

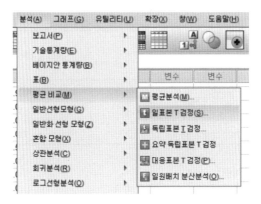

[Step 2]

① 일표본 t검정 창에서 검정변수 란에 <근로시간> 이동
② 검정값에 검정하고자 하는 기본 값인 '7' 입력 후 확인 클릭

▼ 그림 6-3 **일표본 t검정 검정변수 선택**

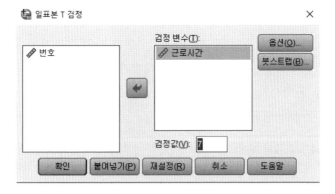

분석결과 해석하기

┃표 6-1 일표본 t검정 분석 결과

일표본 통계량

	N	평균	표준화 편차	표준오차 평균
근로시간	100	7.164	.3886	.0389

일표본 검정

검정값=7

	t	자유도	유의확률 (양측)	평균 차이	차이의 95% 신뢰구간	
					하한	상한
근로시간	4.220	99	.000	.1640	.087	.241

[일표본 통계량]

종속변수인 <근로시간>에 대한 정보로 N은 표본의 개수를 의미하며, 평균과 표준편차가 제시된다.

[일표본 검정]

유의수준은 유의확률(양측)과 t값으로 판단한다. 일반적으로 유의수준(p값)이 .05일[3] 경우 통계적으로 유의미하다고 판단하며, 귀무가설을 기각하고 대립가설을 채택하게 된다. 해당 예시의 경우 유의수준이 .000으로 통계적으로 유의($p<.05$)하고, 양측 검정으로 t값의 절대값이 1.96보다 크므로 귀무가설인 "우리 기업 근로자의 1일 평균 근로시간은 7시간이다."를 기각하고 대립가설인 "우리 기업 근로자의 1일 평균 근로시간은 7시간이 아니다."를 채택한다. 평균의 차이값은 일표본 검정의 평균차이를 확인한다.

---

3) 일반적으로 유의수준(p값)이 .05 이하일 경우, 대립가설이 맞을 확률이 95%로 통계적으로 유의미하다고 판단하며, 귀무가설을 기각하고 대립가설을 채택하게 된다.

2) 대응표본 t검정

✏️ **대응표본 t검정 연구문제**

• 최근 A 기업에서는 매장 방문 고객의 불만 접수 건수를 감소시키기 위해 매장 영업 사원을 대상으로 새로운 고객 대응 훈련 프로그램을 개발하여 교육을 진행하였다. 새롭게 도입된 프로그램이 방문 고객의 불만 감소에 정말 효과가 있는지 확인해보기 위해 프로그램 도입 100일 전 시점, 도입 100일 후 시점에서 고객 불만 접수 건수를 조사하여 차이가 있는지 검증하기로 하였다.

귀무가설: 새로운 교육 프로그램은 고객 불만 접수 건수를 감소시키는 데 효과가 없다.
대립가설: 새로운 교육 프로그램은 고객 불만 접수 건수를 감소시키는 데 효과가 있다.

SPSS 활용 분석하기

[data set의 구성]

교육 프로그램 도입 전, 후 100일간의 불만 접수 건수를 확인하기 위해 [그림 6-4]의 예시와 같이 입력하여 데이터를 구성한다.

▼ 그림 6-4 **대응표본 t검정 데이터 예시**

	A	B	C
1	일자	도입전	도입후
2	1	10	8
3	2	11	9
4	3	10	8
5	4	10	8
6	5	10	8
7	6	11	9
8	7	10	8
9	8	10	8
10	9	10	8

[Step 1]

분석 ⇒ 평균 비교 ⇒ 대응표본 t검정 클릭

▼ 그림 6-5 **대응표본 t검정 메뉴 선택**

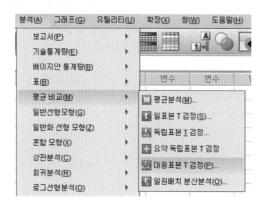

[Step 2]

대응표본 t검정 창에서 대응 변수의 변수 1에 <도입전>을 변수 2에<도입후>를 이동시킨 후 확인 클릭

▼ 그림 6-6 **대응표본 t검정의 대응변수 선택**

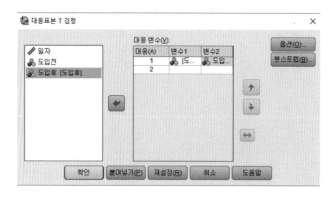

분석결과 해석하기

▌표 6-2 대응표본 t검정 분석 결과

대응표본 통계량

		평균	N	표준화 편차	표준오차 평균
대응1	도입전	9.91	100	.552	.055
	도입후	7.94	100	.649	.065

대응표본 상관계수

		N	상관관계	유의확률
대응1	도입전-도입후	100	.718	.000

대응표본 검정

		평균	표준화 편차	표준오차 평균	차이의 95% 신뢰구간 하한	상한	t	자유도	유의확률 (양측)
대응1	도입전-도입후	1.970	.460	.046	1.879	2.061	42.865	99	.000

[대응표본 통계량]

도입 전 / 도입 후 각각의 사례에 대한 분석결과이다. N은 표본 수를 의미하며, 평균과 표준편차가 제시된다.

[대응표본 상관계수]

도입 전 / 도입 후 표본에 대한 상관관계를 보여준다. 예시 사례에 서는 71.8%의 유사성을 보이고 있으며, 유의확률은 .000으로 나타났다.

[대응표본 검정]

유의확률(양측)과 t값으로 판단한다. 유의수준이 .000으로 통계적으로 유의(p<.05)하고, 양측 검정으로 t값의 절대값이 1.96보다 크므로 유의한 결과를 나타낸다. 검정결과가 유의할 경우 귀무가설인 "새로운 공정방식은 불량률을 감소시키는 데 효과가 없다."를 기각하고 대립가설인 "새로운 공정방식은 불량률을 감소시키는 데 효과가 있다."를 채택한다. 도입 전 / 도입 후 평균의 차이값은 대응표본 검정의 평균을 확인한다.

3) 독립표본 t검정

✏️ **독립표본 t검정 연구문제**

• 사내 전 직급을 대상으로 〈소통 리더십〉 교육과정을 운영하였다. 교육과정의 종료 후 직급(대리 직급 Vs 과장 직급)에 따라 교육과정에 대한 만족도가 차이가 있는지 확인해보기로 하였다.

귀무가설: 직급 간 교육 프로그램의 만족도에는 차이가 없다.
대립가설: 직급 간 교육 프로그램의 만족도에는 차이가 있다.

SPSS 활용 분석하기

[data set의 구성]

평균 차이의 요인이 되는 〈직급〉과 검증하고자 하는 평균 값인 〈만족도〉를 [그림 6-7]의 예시와 같이 데이터를 구성한다. SPSS statistics 프로그램을 통해 분석하기 위해서는 모든 값이 숫자로 입력되어야 하므로 범주형 변수인 〈직급〉의 경우 임의로 숫자(1=대리, 2=과장)를 할당하여 입력한다.

▼ 그림 6-7 **독립표본 t검정 데이터 예시**

	A	B
1	직급	만족도
2	1	4
3	1	4
4	1	5
5	1	4
6	1	5
7	1	5
8	1	4
184	2	3
185	2	4
186	2	4
187	2	4
188	2	4
189	2	4
190	2	3

[Step 1]

분석 ⇒ 평균 비교 ⇒ 독립표본 t검정 클릭

▼ 그림 6-8 **독립표본 t검정 메뉴 선택**

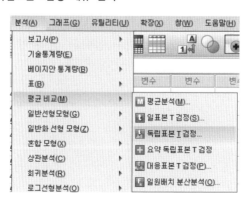

[Step 2]

① 독립표본 t검정 창에서 검정변수 란에 검정대상인 <만족도>
이동

② 집단변수 란에 집단 범주값인 <직급> 이동

▼ 그림 6-9 **독립표본 t검정 검정변수와 집단변수 입력**

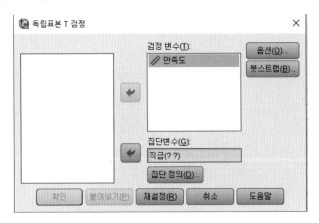

[Step 3]

① 비교하고자 하는 집단을 정의하기 위해 집단정의 클릭

② 집단정의 창에서 집단 1에 1, 집단 2에 2 입력 후 계속 클릭

③ 독립표본 t검정 창으로 다시 돌아온 뒤 확인 클릭

▼ 그림 6-10 **독립표본 t검정 집단정의**

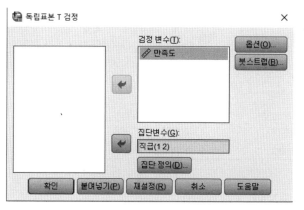

분석결과 기술하기

‖ 표 6-3 독립표본 t검정 분석 결과

집단통계량

직급		N	평균	표준화 편차	표준오차 평균
만족도	1	100	4.23	.628	.063
	2	100	3.69	.593	.059

독립표본 검정

		Levene의 등분산 검정		평균의 동일성에 대한 T검정						
		F	유의 확률	t	자유도	유의 확률 (양측)	평균 차이	표준 오차 차이	차이의 95% 신뢰구간	
									하한	상한
만족도	등분산을 가정함	3.769	.054	6.250	198	.000	.540	.086	.369	.710
	등분산을 가정하지 않음			6.250	197.364	.000	.540	.086	.369	.710

[집단통계량]

N은 직급별 표본의 수를 의미하며, 각 직급의 평균과 표준편차
가 제시된다.

[독립표본 검정]

① 집단간 등분산 가정 확인

Levene의 등분산 검정의 유의확률을 확인한다. 이는 직급 간에
등분산이 가정되고 있는가, 다시 말해 서로 다른 집단 간의 상호 비

교가 가능한지 확인하기 위한 것이다. 예시사례의 경우 <등분산을 가정함>의 F값은 3.769, 유의확률은 .054로 통계 검증을 위한 유의 수준보다 크다(p<.05). 따라서 등분산 가정의 귀무가설인 "등분산이 같다."를 채택하여야 하며, 표의 해석에 있어서도 <등분산을 가정함>에 해당하는 분석 결과를 확인하여야 한다.

② 집단 간 평균 차이 확인

<등분산을 가정함>에서 평균의 동일성에 대한 t검정의 유의확률(양측)과 t값을 확인한다. 유의수준이 .000으로 통계적으로 유의 (p<.05)하고, 양측 검정으로 t값의 절대값이 1.96보다 크므로 유의한 결과를 나타낸다. 검정결과가 유의할 경우 귀무가설인 "직급 간 교육 프로그램의 만족도에는 차이가 없다."를 기각하고 대립가설인 "직급 간 교육 프로그램의 만족도에는 차이가 있다."를 채택한다. 두 표본 집단간 평균차이는 평균차를 확인한다.

▮ 주의사항

분석을 수행하기에 앞서 내가 확보한 표본의 수가 t검정 수행을 위해 충분한지 확인이 필요하다. 두 집단 간의 평균 차이를 검증하는 독립표본 t검정의 경우 각 그룹당 필요한 대상자 수가 최소 35명으로 제시되고 있다(Cohen, 1988, pp. 54-55). 표본의 대상자 수가 충분히 확보되었는지 확인한 다음 표본의 성격과 분석 목적에 맞게 t검정 기법을 선택하여 분석을 진행하여야 한다.

📖 참고문헌

김진, 최정아 (2020). 데이터 사이언스 입문. 마소캠퍼스.

노경섭 (2014). 제대로 알고 쓰는 논문 통계분석. 한빛 아카데미.

성태제, 시기자 (2016). **연구방법론**. 학지사.

Cohen, J. (1988). *Statistical power analysis for the behavioral sciences* (2nd ed.). Lawrence Erlbaum Associates.

07

분산분석(ANOVA)

▌개념

동일 표본에 대해 2회 측정 후, 전·후 평균 차이 혹은 집단의 평균 차이를 검증을 할 때는 t검정을 사용하여 분석한다. 그러나 평균 차이를 분석해야 하는 대상이 3개 이상일 때, 즉 3개 이상인 집단의 평균 차이 검증은 분산분석을 활용한다.

분산분석은 세 집단 이상의 집단 간의 차이가 있는지를 검증하는 통계 방법이다. 두 집단 간의 평균 차이를 검정하는 독립표본 t검정이 확장된 분석방법이라고 할 수 있다. 분산분석을 시행하기 위해 충족해야 하는 가정은 다음과 같다.

첫째, 독립변수가 범주형 변수이다.
둘재, 종속변수가 연속형 변수(예 숫자 데이터)이다.
셋째, 각 모집단의 분포가 정규분포를 따른다.
넷째, 각 모집단의 분산이 동일하다.

여기서 독립변수는 평균값이 차이를 발생시키는 요인, 즉 집단의 구분값을 의미하며 종속변수는 검증하고자 하는 평균값을 의미한다.

▎종류

분산분석은 독립변수의 수에 따라 일원분산분석, 이원분산분석, 다원분산분석, 다변량 분산분석으로 분류된다.

✎ 분산분석의 종류

- 독립변수 1개, 종속변수 1개: 일원분산분석(One-way ANOVA)
- 독립변수 2개, 종속변수 1개: 이원분산분석(Two-way ANOVA)
- 독립변수 3개 이상, 종속변수 1개: 다원분산분석(Two-way ANOVA)
- 독립변수 1개 이상, 종속변수 2개 이상: 다변량 분산분석(MANOVA)

1) 일원분산분석(One-way ANOVA)

일원분산분석은 독립변수가 하나로서 해당 독립변수가 3개 집단 이상의 범주로 구분되는 경우 적용 가능한 분석기법이다. 예를 들어, 기업에서 '대면, 비대면, 대면＋비대면 혼합'의 세 가지 교육 진행방식에 따른 교육 참여자 만족도를 측정하고자 할 때 일원분산분석의 활용이 가능하다. 이러한 경우 독립변수는 교육 진행방식으로 1개이면서 진행방식의 범주가 3개 집단으로 분류되기 때문에 교육 진행방식에 따른 대면, 비대면, 대면＋비대면 혼합 세 집단의 교육 만족도 평균을 비교하기 위해 일원분산분석을 시행하게 된다.

2) 이원분산분석(Two-way ANOVA)

이원분산분석은 독립변수가 두 개인 경우 적용가능한 분석기법이다. 교육 진행방식(대면, 비대면, 대면＋비대면 혼합)에 교육 진행 시간대(오전, 오후)를 독립변수에 추가하여 교육 만족도의 차이를 검증하고자 하는 경우 이원분산분석을 시행하게 된다.

3) 다원분산분석(Three-way ANOVA)

다원분산분석은 독립변수가 세 개 이상인 경우 적용가능한 분석기법이다. 교육 진행방식(대면, 비대면, 대면＋비대면 혼합), 교육 진행 시간대(오전, 오후), 교육 참여 직급(신입, 대리, 과장)과 같이 3개 이상의 독립변수에 따른 교육 만족도 평균 차이를 검증하고자 한다면 다원분산분석을 시행하게 된다.

4) 다변량분산분석(MANOVA)

다변량분산분석은 독립변수가 1개 이상, 종속변수가 2개 이상인 경우 활용하는 분석기법이다. 교육 진행방식(대면, 비대면, 대면＋비대면 혼합)에 따른 교육만족도의 평균값 차이뿐만 아니라 교육 이수 시험 성적의 평균값의 차이까지 함께 검증하고 싶은 경우라면 독립변수는 1개(진행방식), 종속변수는 2개(교육 만족도, 교육 이수 시험 성적)가 되기 때문에 다변량 분산분석을 적용해야 한다.

▌분석방법

분산분석은 SPSS statistics 프로그램을 활용하여 분석이 가능하다. 실제 실무에서 주로 활용되는 일원분산분석의 분석 절차 및 보고 방식은 다음과 같다.

• 동일직무를 담당하고 있는 신입사원들을 대상으로 하여 리더십 교육을 100% 대면 방식, 100% 비대면 방식, 대면 50%+비대면 50% 혼합 방식의 세 가지 방식으로 진행한 뒤, 교육 만족도를 조사하였다. 각 교육 진행방식에 따라 만족도의 차이가 있는지 확인하기로 하였다.

귀무가설: 프로그램 교육 진행방식에 따른 참여자의 교육 만족도는 같다.
대립가설: 프로그램 교육 진행방식에 따른 참여자의 교육 만족도는 다르다.

일원분산분석 진행하기

[data set의 구성]

평균 차이의 요인이 되는 <진행방식>과 검증하고자 하는 평균값인 <만족도>를 [그림 7-1]의 예시와 같이 데이터를 구성한다. SPSS statistics 프로그램을 통해 분석하기 위해서는 모든 값이 숫자로 입력되어야 하기 때문에 범주형 변수인 <진행방식>의 경우 임의로 숫자(1=대면, 2=비대면, 3=혼합)를 할당하여 입력한다.

	A	B	C
1	진행방식	만족도	
2	1	3	
3	1	2	
4	1	3	
5	1	2	
6	1	3	
7	1	2	
24	1	3	
25	1	3	
26	1	3	
27	1	2	
28	1	3	
29	1	2	
30	1	3	
31	2	4	
32	2	4	
33	2	4	
34	2	4	
35	2	5	
36	2	4	
37	2	5	
38	2	4	
39	2	5	
40	2	4	
41	2	5	

[Step 1]

① 분석할 데이터 불러오기

② 변수보기 창에서 진행방식 값 열의 버튼 클릭

③ 값 레이블 창에서 기준값에 기준 숫자와 해당되는 레이블(대면, 비대면, 혼합)을 입력하고 확인 클릭

▼ 그림 7-2 **요인 값 레이블 입력**

	이름	유형	너비	소수점이...	레이블	값	
1	진행방식	숫자	1	0		1, 대면}...	...
2	만족도	숫자	1	0		없음	

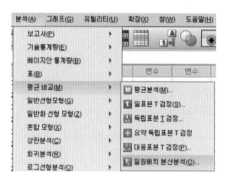

[Step 2]

분석 ⇒ 평균 비교 ⇒ 일원배치 분산분석 클릭

▼ 그림 7-3 **일원배치 분산분석 메뉴 선택**

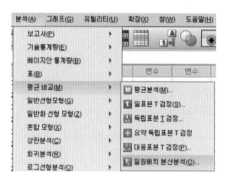

[Step 3]

① 일원배치 분산분석 창에서 종속변수 란에 <만족도> 이동
② 요인 란에 <진행방식> 이동

▼ 그림 7-4 **일원분산분석 변수 설정**

[Step 4]

① 일원배치 분산분석 창에서 옵션 클릭
② 일원배치 분산분석: 옵션 창에서 기술통계, 분산동질성 검정 클릭
③ 일원배치 분산분석 창에서 확인 클릭

▼ 그림 7-5 **일원분산분석 사후분석 옵션 선택**

분석결과 확인 후 해석

[기술통계]

리더십 교육 진행 방식에 따른 표본 수, 평균, 표준화편차(표준편차), 표준화오류(표준오차), 신뢰구간의 하한값, 상한값, 최소값, 최대값을 확인한다.

▎표 7-1 기술통계 결과

기술통계

만족도

	N	평균	표준화 편차	표준화 오류	평균에 대한 95% 신뢰구간		최소 값	최대 값
					하한	상한		
대면	29	2.52	.829	.154	2.20	2.83	1	4
비대면	29	3.93	.923	.171	3.58	4.28	2	5
혼합	29	3.21	.940	.175	2.85	3.56	2	5
전체	87	3.22	1.061	.114	2.99	3.44	1	5

[분산의 동질성 검정]

평균을 기준으로 한 Levene의 통계량을 확인하여 분산의 동질성, 즉 등분산이 가정되어 있는지 여부를 판단한다. 분산의 동질성이 가정되어 있다는 것은 교육 진행방식에 따른 세 집단이 비록 서로 다른 대상으로 구성되어 있더라도 상호 비교가 가능하다는 것을 의미한다. 여기서 귀무가설은 "등분산이 가정됨(분산이 동질함)"이기 때문에 귀무가설을 채택하기 위해서는 유의확률(p값)이 .05보다 커야(P>.05) 한다. 그리고 <표 7-2>의 결과 예시의 경우 유의확률이 .05보다 크기 때문에 등분산이 가정되었음을 확인할 수 있다.

▎표 7-2 **분산의 동질성 검정 결과**

분산의 동질성 검정

		Levene 통계량	자유도1	자유도2	유의확률
만족도	평균을 기준으로 합니다.	.001	2	84	.999
	중위수를 기준으로 합니다.	.073	2	84	.930
	자유도를 수정한 상태에서 중위수를 기준으로 합니다.	.073	2	81.894	.930
	절삭평균을 기준으로 합니다.	.004	2	84	.996

[집단 간 평균차이 가설 검증]

리더십 교육 프로그램의 진행 방식에 따라 교육 만족도에 차이가 있는지 가설을 검증하기 위해 확인해야 하는 값은 ANOVA의 유의확률(p값)이다. 유의확률이 .05보다 작은 경우(p<.05) 진행 방식에 따른 3개 집단 간의 만족도에 차이가 있다는 것을 의미한다. F값의 경우 그 값이 클수록 집단 간 평균 값의 차이가 크다는 것을 의미한다. 각 진행방식에 따른 세부적인 만족도의 차이는 사후 분석을 추가로 진행해야지만 확인할 수 있다.

▎표 7-3 **일원분산분석 결과**

ANOVA

만족도

	제곱합	자유도	평균제곱	F	유의확률
집단-간	28.989	2	14.494	17.941	.000
집단-내	67.862	84	.808		
전체	96.851	86			

사후 분석 진행하기

일원분산분석을 시행하여 집단 간의 차이가 있음이 확인되었다면 집단에 따른 구체적인 차이를 판별하기 위해서 추가로 사후 분석을 진행해야 한다. 사후 분석 방식에는 LSD, Duncan, Turkey, Scheffe 등이 있는데 가장 일반적으로 많이 쓰이는 방식은 Scheffe 방식이다.

[Step 1]

① 일원배치 분산분석 창에서 사후분석 클릭
② 일원배치 분산분석: 사후분석－다중비교 창에서 Scheffe 선택 후 계속 클릭

▼ 그림 7-6 **일원분산분석 사후분석 방법 선택**

사후분석 분석결과 확인 후 해석

[사후분석 검정 결과]

집단 간 평균차이가 통계적으로 유의한지 확인하기 위해서는 두 비교 집단의 유의확률(p값)을 확인한다. 유의확률이 .05보다 작은 경우(p<.05), "프로그램 교육 진행방식에 따른 참여자의 교육 만족도는 같다."는 귀무가설을 기각하고 "프로그램 교육 진행방식에 따른 참여자의 교육 만족도는 다르다."는 대립가설을 채택하게 된다. <표 7-4>의 결과 예시의 경우 <대면-비대면> 집단의 유의확률이 .000으로 .05보다 작기 때문에 대면 진행과 비대면 진행과 같이 교육 진행방식에 따라 교육만족도의 평균 값이 통계적으로 유의미한 차이가 있음을 확인할 수 있다.

┃표 7-4 **사후분석 결과**

다중비교

종속변수: 만족도
Scheffe

(I) 진행방식	(J) 진행방식	평균차이 (I-J)	표준화 오류	유의 확률	95% 신뢰구간	
					하한	상한
대면	비대면	-1.414*	.236	.000	-2.00	-.83
	혼합	-.690*	.236	.017	-1.28	-.10
비대면	대면	1.141*	.236	.000	.83	2.00
	혼합	.724*	.236	.012	.14	1.31
혼합	대면	.690*	.236	.017	.10	1.28
	비대면	-.724*	.236	.012	-1.31	-.14

* 평균차이는 .05 수준에서 유의합니다.

▌주의사항

t검정은 평균 차이를 검증하고자 하는 대상이 2개이므로 t검정 분석 결과에 따라 두 집단 간 통계적으로 유의미한 평균의 차이가 있는지 바로 직접적으로 확인이 가능하다.

그러나 비교하고자 하는 대상 집단이 3개 이상인 경우에는 분산분석을 통해 집단 간 차이가 있는지 여부를 우선적으로 확인한 다음 추가적으로 사후분석을 통해 집단 간 1:1 평균 차이를 검증해야 한다. 즉 가, 나, 다 집단의 평균 차이를 검증하고자 하는 경우 전반적으로 평균 차이가 존재하는지를 1차적으로 확인한 후 사후분석을 추가로 진행하여 ① 가:나 ② 나:다 ③ 가:다 각각 두 개 집단별 차이의 통계적 유의성 여부를 확인하게 되는 것이다.

📖 참고문헌

노경섭 (2014). **제대로 알고 쓰는 논문 통계분석**. 한빛 아카데미.

성태제, 시기자 (2016). **연구방법론**. 학지사.

2부

Practical Methods

08

Borich 요구도 분석(Borich Need Analysis)

▌개념

교육 요구 분석은 현재 교육생들의 보유 수준(what is)과 바람직한 수준(what should be)의 차이를 규명하여 우선순위를 파악하는 것이다.

HRD 영역에서 교육생들의 교육 요구 수준을 파악하여 어떠한 역량을 우선적으로 개발하고 유지해야 할지를 선정하는 것은 한정된 자원을 효과적으로 활용하는 데 있어 간과할 수 없는 부분이다.

이와 같은 교육요구 분석 시 활용되는 방법들로는 t검정, IPA(Importance-Performance Analysis), The Locus for Focus 모델, Borich 요구도 분석 등이 있다.

이 중 Borich 요구도 분석은 Borich가 1980년에 'A Needs Assessment Model for Conducting Follow-Up Studies'에서 소개한 이후 현재까지 활용되고 있는 방법이다.

이 방법은 설문조사를 통해 역량별 바람직한 요구 수준(요구되는 역량 수준, 혹은 역량의 중요도를 파악하는 경우도 있음)과 현재 보유 수

준을 확인한 후 바람직한 수준에 가중치를 주어 결과값을 순서대로
나열하여 우선순위를 결정하는 방법이다.

▌특징

Borich 요구도 분석은 개인별 바람직한 요구 수준 점수와 현재
보유 수준 점수의 차이(gap) 값에 각 역량별 바람직한 요구 수준의
평균값을 곱한 값을 사용한다. 두 점수의 차이 값에 각 역량별 바람
직한 요구 수준의 평균값을 곱하게 되면 차이 값의 격차가 극명해져
교육 요구도 우선 순위를 선정하는 데 용이하다.

🖉 Borich 요구도 공식

교육요구도 = (바람직한 요구 수준-보유 수준)×(항목별 바람직한 요구 수준 평균값)

Borich 요구도 분석은 바람직한 수준과 보유 수준 간 단순 평균
차이 비교인 대응표본 t검정의 단점을 극복하였다는 데 의미가 있다.
즉 Borich 요구도 분석은 바람직한 수준에 가중치를 부여함에 따라
항목 간 변별이 용이해진다.

최근에는 보다 극명한 결과를 얻기 위해 변형된 Borich 계산식
을 적용하여 요구도 분석을 진행하는 경우도 있다. 예를 들면, 바람
직한 수준과 보유 수준의 차이 값을 모두 합산한 후 바람직한 수준의
평균값을 곱한 다음 전체 표본수를 나눈 값으로 교육 요구도 우선순
위를 선정하는 방식이다.

이 경우 각 항목별 두 수준의 차이를 합산하였기 때문에 결과
값의 범위가 넓어져 항목들 간 변별이 용이하다는 장점이 있다.

✏️ **변형된 Borich 요구도 공식**

$$\text{교육요구도} = \{\Sigma(RCL-PCL) \times mRCL\} \, / \, N$$

- RCL(Required Competencies Level): 바람직한 요구 수준(요구되는 역량 수준)
- PCL(Present Competencies Level): 현재 보유 수준
- mRCL(mean Required Competencies Level): 요구되는 역량 수준 평균
- N: 전체 표본수

▌수행 절차

    Borich 요구도 분석은 통계적 방법을 사용하여 교육의 우선순위를 결정하는 체계적이면서 실무적으로 접근하기 용이한 분석 방법이다.

    Borich 요구도 분석 수행 절차는 통상적으로 교육 요구도 조사 대상 선정, 설문지 설계, 설문 진행, 데이터 코딩 및 결과 분석(우선순위 도출)순으로 진행되는데 Borich 요구도 수행 절차를 도식화하면 [그림 8-1]과 같다.

▼ 그림 8-1 Borich 요구도 분석 수행 절차

1단계: 조사 대상 선정

    교육 요구도 분석에 있어 조사 대상을 선정하는 것은 중요하다. 이에 따라 실제 조사 대상이 되는 모집단(population)을 선정하고 모집단의 특성을 대표할 수 있는 표본(sample) 집단을 선별해야 한다.

모집단 전체를 대상으로 전수조사(census)를 하는 것은 현실적으로 불가능하므로 표본을 선정하는 것이며 일반적으로 활용되는 표집 방법으로는 단순 무선 표집방법(simple random sampling)이 있다.

2단계: 설문지 설계

설문지 설계를 위해서는 측정하고자 하는 세부 요인을 선별해야 한다. 일반적으로 개발하고자 하는 역량의 선행 연구에서 주로 논의되는 공인된 역량군을 활용하거나 조직의 상황에 맞게 수정하여 사용하기도 한다.

예를 들어, 교육생들에게 팔로워십 역량 강화 교육을 준비한다고 가정할 시 팔로워십 선행 연구에서 제시된 역량과 역량별 정의를 확인하고 준비하면 된다.

설문 설계는 일반적으로 Likert 5점 척도를 활용하여 역량별 바람직한 수준과 현재 보유 수준을 선택할 수 있게 제시하면 된다. 설문지 구성 예시는 <표 8-1>과 같다.

▌표 8-1 Borich 요구도 분석 설문 구성 예시

역량	바람직한 수준(요구 수준)					현재 보유 수준				
	낮음		↔		높음	낮음		↔		높음
AAA	1	2	3	4	5	1	2	3	4	5
BBB	1	2	3	4	5	1	2	3	4	5
CCC	1	2	3	4	5	1	2	3	4	5
DDD	1	2	3	4	5	1	2	3	4	5

3단계: 설문 진행

설문 진행에 앞서 조사 목적을 명확히 밝히고 설문에 성실히 임해주길 당부하는 안내문은 중요한 기능을 한다. 특히 Borich 교육 요구도 조사는 현재 자신의 보유 역량 수준에 대해 솔직하게 응답하게 하기 위해서 개인의 비밀을 보장한다거나 응답한 내용은 익명으로 처리되어 연구 이외의 목적에 사용되지 않는다는 것을 명기해야 한다.

조사하고자 하는 역량이 다양하여 질문의 분량이 많을 경우 회수율이 낮을 수 있기 때문에 설문 전달 방식, 응답 용이성, 회신의 편의성 등을 고려해야 한다.

최근에는 온라인 기반으로 설문을 진행할 수 있는 다양한 플랫폼이 있기 때문에 이를 활용한다면 설문 전달 방식과 회신의 편의성을 해소할 수 있다. 또한 회수율을 높이기 위해서 부담이 없는 답례(선물)을 지급하는 것도 한 가지 방법이 될 수 있다.

4단계: 결과 분석

Borich 요구도 분석에 필요한 값은 ① 역량별 바람직한 요구 수준과 보유 수준 간 차이(Gap)의 합, ② 역량별 바람직한 요구 수준의 평균, ③ 수집된 전체 표본의 수 등 세 가지이다.

정확한 결과 분석을 위해서는 회수된 조사지 중 답변이 불성실하거나 응답하지 않은 문항 등 분석에 적절하지 않은 조사지를 선별하여 제외시켜야 한다.

선별된 데이터는 excel을 활용하여 응답자(표본)별 고유 번호(e.g. 1, 2, 3…)를 부여한 후 전체 표본수를 확인하고 응답자가 체크한 역량별 바람직한 요구 수준과 보유 수준의 값을 모두 기입한다.

다음으로 역량별 바람직한 요구 수준과 보유 수준 간의 차이(gap)의 합을 구한다. 이후 역량별 요구 수준의 평균(average) 값을 구해주면 Borich 요구도 분석에 필요한 모든 데이터가 준비된 것이다. 이러한 과정을 <표 8-2>와 같이 나타낼 수 있다.

정리된 데이터를 바탕으로 Borich가 제시한 수식[4]을 대입하여

---

4) { ∑(요구수준-보유수준) ×요구수준 평균값 } / 전체 표본수

우선순위를 판단하여 나열하고 결과에 대한 의미 분석과 해석을 하면 된다.

<표 8-2>에 제시된 Borich 요구도 결과에 따르면 AAA 역량이 3.51로 요구도 수준이 가장 높으며 CCC 역량이 2.52로 2순위, 그리고 BBB 역량이 1.64로 3순위로 나타난 것을 확인할 수 있다.

┃표 8-2 Borich 요구도 분석표 예시

No	AAA 역량			BBB 역량			CCC 역량		
	요구수준	보유수준	차이	요구수준	보유수준	차이	요구수준	보유수준	차이
1	4	3	1	3	4	-1	4	3	1
2	5	4	1	5	5	0	5	5	0
3	4	2	2	5	5	0	5	5	0
4	4	2	2	5	3	2	5	3	2
5	4	3	1	4	3	1	4	3	1
6	3	3	0	3	4	-1	3	4	-1
7	5	3	2	4	4	0	4	4	0
8	4	4	0	4	5	-1	4	5	-1
9	3	2	1	4	2	2	4	2	2
10	3	4	-1	4	2	2	4	2	2
값	3.9	3	9	4.1	3.7	4	4.2	3.6	6
Borich 요구도	3.51			1.64			2.52		
(수식 참조)	{9(차이 합)×3.9 (요구수준 평균)}/ 10(전체 표본수)			{4(차이 합)×4.1 (요구수준 평균)}/ 10(전체 표본수)			{6(차이 합)×4.2 (요구수준 평균)}/ 10(전체 표본수)		
우선순위 판단	1순위			3순위			2순위		

Borich 요구도로 도출된 우선순위는 위계적 나열을 통해 결과 분석 보고서를 정리해야 한다. 단, 역량 항목(리스트)이 많은 경우 직관적인 정보를 제공하기 어려울 수 있기 때문에 상위 30% 수준까지 포함한다거나 하위 30% 수준은 제외한다는 등 상호 합의된 규칙을 수립하여 우선적으로 개발해야 할 역량을 제시할 필요가 있다.

▌적용사례

박상욱, 송영수 (2019). 국내 팔로워십 연구대상 집단별 역량개발 요구도 및 상대적 중요도 분석. 기업교육과 인재연구, 21(2), 57-86.

해당 연구는 1단계 조사 대상 선정에 있어 팔로워십 연구가 활발히 진행되고 있는 기업집단, 의료 집단, 학교 집단 등 3개 집단을 선정하였다.

집단별 팔로워십 역량 개발 요구도 수준을 비교 분석하기 위한 목적으로 해당 조직에 종사하는 종사자를 대상으로 조사가 진행되었다. 조사 대상의 인구통계학적 특성을 <표 8-3>과 같이 정리할 수 있다.

표 8-3 조사대상자 인구통계학적 특성(n=119)

구분		국내기업(%)	의료집단(%)	학교집단(%)	합계(%)
성별	남성	23(53.5%)	2(4.7%)	7(21.2%)	32(26.9%)
	여성	20(46.5%)	41(95.3%)	26(78.8%)	87(73.1%)
연령	20대	1(2.3%)	19(44.2%)	22(66.7%)	42(35.3%)
	30대	18(41.9%)	9(20.9%)	4(12.1%)	31(26.1%)
	40대	24(55.8%)	15(34.9%)	5(15.2%)	44(37.0%)
	50대 이상	0(0%)	0(0%)	2(6.1%)	2(1.7%)
직급	사원	3(7.0%)	26(60.5%)	24(72.7%)	53(44.5%)
	대리	10(23.3%)	12(27.9%)	1(3.0%)	23(19.3%)
	과장	17(39.5%)	3(7.0%)	4(12.1%)	24(20.2%)
	차장	9(20.9%)	0(0%)	0(0%)	9(7.6%)
	부장	4(9.3%)	2(4.7%)	4(12.1%)	10(8.4%)
경력	5년 이하	1(2.3%)	22(51.2%)	24(72.7%)	47(39.5%)
	6~10년	6(14.0%)	6(14.0%)	3(9.1%)	15(12.6%)
	11~15년	20(46.5%)	3(7.0%)	2(6.1%)	25(21.0%)
	16년 이상	16(37.2%)	12(27.9%)	4(12.1%)	32(26.9%)

2단계 설문지 설계는 <표 8-4>와 같이 팔로워십 선행연구에서 제시된 역량이 활용되었다. 이때 해당 선행연구를 선정하게 된 이유와 근거를 제시할 필요가 있다.

예를 들어, 선행 연구 절차의 타당성, 통계적 유의미성, 타 연구에서의 활용도 등을 고려하여 설명하면 된다.

표 8-4 Borich 요구도 분석 역량 선별 사례

역량군	주요역량	세부역량	개념
지식	조직목표 이해	조직중심사고	개인보다 조직을 우선적으로 생각
		전략적사고	조직과 자신을 동시에 고려하는 사고
	업무 전문성	직무지식	직무에 필요한 지침 이해 지식 적용
		학습의지	업무에 대해 도전하고 학습하고자 노력
		업무예측	리더가 지시하지 않아도 미리 준비
	혁신적 사고	변화추구	새로운 것을 추구
		변화적응	환경변화에 적극적 대처
		창의성	창의적인 아이디어를 도출
기술	문제 해결력	실행력	업무상 제한사항을 극복하고 업무 수행
		정보 활용	리더 지시사항 이행에 필요한 정보 활용
		시간관리	효율적으로 시간을 활용
	협력	정보수집	의사결정에 도움이 되는 정보 수집
		리더 후원	리더의 부족한 점을 보완, 리더십 지원
태도	열정	긍정적 태도	문제나 현상에 불만을 표시하지 않음
		적극적 태도	하나를 시키면 두세 가지로 발전시킴
		자발성	지시에 움직이지 않고 스스로 업무 수행
		인내심	자기가 맡은 일은 중도에 포기하지 않음
	주인의식	주도성	자신의 일은 자기선에서 완수한다는 의지
		성실성	조직을 위해 헌신하며 모범적인 근무태도
		업무 자부심	목표를 높게 설정하고 의욕적 추진

※ 전체 39개 역량 중 일부만 발췌하여 제시

설문지는 <표 8-5>와 같이 구성할 수 있다. 해당 연구에서는 조사하고자 하는 역량이 많아 중요도와 보유수준을 각각 구성한 것을 알 수 있다.

┃ 표 8-5 Borich 요구도 분석 설문지 설계 사례

1. 다음은 팔로워십을 발휘하는데 필요한 역량 중 귀하가 필요하다고 생각하는 역량을 알아 보기 위한 것입니다. 아래 제시된 역량에 대해 〈답변 기준〉에 따라 '✓' 표시하여 주시기 바랍니다.

〈답변 기준〉

1	2	3	4	5
전혀 필요하지 않다	필요하지 않다	보통이다	필요하다	매우 필요하다

팔로워십 역량	1	2	3	4	5
1. 조직중심 사고: 개인보다 조직을 우선적으로 생각					
2. 조직목표와 연계된 개인목표 수립					
3. 전략적 사고: 조직과 자신을 동시에 고려하는 사고					
4. 직무지식: 직무에 필요한 지침 이해 지식 적용					
5. 학습의지: 업무에 대해 도전하고 학습하고자 노력					

2. 다음은 팔로워십 역량 중 귀하의 현행 수준을 알아보기 위한 것입니다. 아래 제시된 역량에 대해 〈답변 기준〉에 따라 '✓' 표시하여 주시기 바랍니다.

〈답변 기준〉

1	2	3	4	5
매우 낮은 편이다	낮은 편이다	보통이다	높은 편이다	매우 높은 편이다

팔로워십 역량	1	2	3	4	5
1. 조직중심 사고: 개인보다 조직을 우선적으로 생각					
2. 조직목표와 연계된 개인목표 수립					
3. 전략적 사고: 조직과 자신을 동시에 고려하는 사고					
4. 직무지식: 직무에 필요한 지침 이해 지식 적용					
5. 학습의지: 업무에 대해 도전하고 학습하고자 노력					

3단계 설문 진행을 한 후 회수된 설문 응답은 4단계 결과 분석에서 데이터 코딩과 Borich 요구도 분석에 필요한 값을 정리하여 우선순위화 한다.

<표 8-6>과 같이 해당연구는 응답자별 고유 번호를 부여한 결과 총 119개의 표본수가 확보되었음을 확인할 수 있다. 연구자는 응답자가 체크한 역량별 요구 수준과 보유 수준 값을 모두 입력한 후 차이 값을 구하였다.

이어서 역량별 요구 수준과 보유 수준 간 차이의 합 값과 요구 수준의 평균 값을 Borich 수식에 대입하여 요구도 수준을 도출하였고 요구도 수준이 높은 순서로 순위를 부여하여 나열한 것을 확인할 수 있다.

❙표 8-6 Borich 요구도 분석표

No	전략적사고 요구수준	보유수준	차이	학습의지 요구수준	보유수준	차이	변화적용 요구수준	보유수준	차이	창의성 요구수준	보유수준	차이	시관관리 요구수준	보유수준	차이	정보수집 요구수준	보유수준	차이	리더후원 요구수준	보유수준	차이
1	3	4	-1	5	5	0	4	4	0	4	2	2	5	4	1	4	2	2	4	4	0
2	5	5	0	5	5	0	5	5	0	5	5	0	5	5	0	5	5	0	5	5	0
3	5	5	0	5	5	0	5	5	0	5	4	1	5	5	0	4	5	-1	3	4	-1
4	5	3	2	4	5	-1	4	4	0	3	2	1	4	4	0	3	4	-1	5	3	2
5	4	3	1	4	2	2	4	4	0	3	3	0	4	2	2	3	3	0	3	2	1
6	3	4	-1	3	4	-1	3	4	-1	3	4	-1	3	4	-1	3	4	-1	3	4	-1
7	4	4	0	2	5	-3	3	4	-1	2	2	0	4	4	0	4	4	0	5	4	1
8	4	5	-1	5	3	2	4	2	2	3	2	1	4	3	1	4	3	1	5	3	2
9	4	2	2	3	3	0	3	3	0	2	3	-1	2	2	0	1	3	-2	4	2	2

...

No	전략적사고			학습의지			변화적용			창의성			시관관리			정보수집			리더후원		
	요구수준	보유수준	차이	요구수준	보유수준	차이	요구수준	보유수준	차이	요구수준	보유수준	차이	요구수준	보유수준	차이	요구수준	보유수준	차이	요구수준	보유수준	차이
108	3	3	0	4	3	1	4	4	0	3	3	0	4	4	0	4	5	-1	5	4	1
109	4	3	1	4	5	-1	4	4	0	5	3	2	4	3	1	4	4	0	4	4	0
110	5	5	0	3	3	0	4	3	1	4	3	1	2	4	-2	4	4	0	3	4	-1
111	5	4	1	5	4	1	5	4	1	5	4	1	5	4	1	5	5	0	4	4	0
112	4	4	0	5	4	1	4	3	1	3	3	0	4	4	0	5	4	1	4	4	0
113	4	4	0	5	3	2	4	4	0	4	2	2	4	5	-1	3	4	-1	5	2	3
114	4	4	0	3	4	-1	5	4	1	5	4	1	4	4	0	3	4	-1	4	3	1
115	4	5	-1	5	5	0	4	2	2	4	1	3	5	5	0	5	3	2	5	3	2
116	4	4	0	3	4	-1	4	4	0	4	4	0	4	4	0	4	3	1	5	2	3
117	5	4	1	5	3	2	5	2	3	5	2	3	5	3	2	5	3	2	5	2	3
118	3	3	0	3	3	0	4	4	0	4	3	1	4	3	1	4	4	0	4	4	0
119	5	4	1	5	3	2	5	3	2	5	3	2	5	4	1	5	4	1	5	3	2
값	4.0	3.7	44	4.2	3.9	34	4.2	3.9	45	3.9	3.5	57	4.3	3.9	49	4.2	3.9	38	4.2	3.5	80
Borich 요구도	1.49			1.20			1.60			1.88			1.76			1.34			2.82		
우선순위 판단	8순위			12순위			7순위			4순위			5순위			10순위			1순위		

　　Borich 요구도 분석 결과는 <표 8-7>과 같이 정리할 수 있다. 역량개발 요구도가 가장 높은 역량은 리더 후원으로 나타났고 이는 요구수준이 높은 반면, 수행수준이 현저히 낮다는 것을 의미한다. 역량개발 요구도 상위로 나타난 역량을 살펴보면 건전한 비판, 설득력, 창의성, 시간관리, 리더 신뢰, 변화적응, 전략적 사고, 갈등관리, 정보수집, 유연성, 학습의지, 적극적 태도 순으로 나타난 것을 확인할 수 있다.

　　집단별로도 조직문화의 특성이 반영되어 역량개발 요구도 우선순위의 차이가 나타난 것을 볼 수 있다. 기업집단은 리더 후원, 전략적 사고, 리더 신뢰, 설득력 순으로 나타났으며 의료집단은 건전한 비판, 설득력, 리더 후원, 시간관리, 학교집단은 건전한 비판, 리더 후원, 설득력, 창의성 순으로 도출되었다.

┃표 8-7 Borich 요구도 분석 결과 사례

팔로워십 역량	역량개발 요구도							
	전체		기업		의료		학교	
리더 후원	2.82	1	2.35	1	2.87	3	3.34	2
건전한 비판	2.76	2	1.57	5	3.01	1	3.97	1
설득력	2.39	3	1.57	4	2.87	2	2.75	3
창의성	1.88	4	1.15	9	1.98	9	2.67	4
시간관리	1.76	5	0.60	21	2.70	4	2.00	6
리더신뢰	1.68	6	1.96	3	1.13	22	2.13	5
변화적응	1.60	7	0.94	11	2.15	7	1.65	9
전략적 사고	1.49	8	2.02	2	1.34	18	1.00	17
갈등관리	1.46	9	0.57	23	2.49	5	1.27	11
정보수집	1.34	10	0.69	19	1.71	13	1.71	7
유연성	1.32	11	0.29	28	2.05	8	1.67	8
학습의지	1.20	12	0.10	30	2.42	6	1.01	16
적극적 태도	1.15	13	0.86	14	1.81	10	0.64	25

연구 결과에서 보여주듯이 Borich 요구도 분석은 교육생에게 우선적으로 개발해야 할 역량이 무엇인지 명확하게 보여줌으로써 HRD 영역에서 의사결정을 하는데 중요한 기초자료로 활용될 수 있다.

▌타 연구방법과의 혼용방법

Borich 요구 분석은 t검정의 단순 평균 차이 비교의 단점을 보완하였다는 점에서 긍정적으로 평가되지만 도출된 요구도 순위에서 어느 범위까지 최우선 순위로 선별해야 할지가 모호하다는 단점이 있다. 또한 바람직한 요구 수준과 현재 수준이 모두 낮아도 차이가 크게 나타난 경우에는 바람직한 요구 수준과 현재 수준이 모두 높지만 차이가 크지 않은 역량에 비해 상대적으로 높은 우선순위에 배치될 수 있다는 점에서 해석을 주의할 필요가 있다.

이러한 단점을 보안하고자 최근 연구에서는 IPA(Importance-Performance Analysis, 중요도-수행도 분석)나 The Locus for Focus 모델 등을 혼용하여 사용하고 있다.

IPA는 역량별 중요도와 수행도 수준을 X, Y 축으로 구분하여 4사분면 영역에 배치함으로써 우선적으로 개발되어야 할 역량을 제시할 수 있다. The Locus for Focus 모델은 IPA와 유사하게 4사분면에 배치하여 시각적이고 직관적으로 요구 수준을 보여준다는 점에서 유사하지만 바람직한 요구 수준과 현재 보유 수준 간 차이(gap)를 도출하고 중요도에 가중치를 부여하여 요구 수준을 보여준다는 차이가 있다.

이처럼 요구 분석은 한가지 방법을 사용하기보다는 혼용하여 사용한다면 보다 유의미한 결과를 도출할 수 있다. 예를 들어, t검정을 통해 현재 수준과 바람직한 수준 차이를 대략적으로 확인하고 Borich 요구도 공식을 활용하여 요구도 우선 순위를 나열한다. 이후 The Locus for Focus 모델을 기준으로 항목들의 점수를 계산하여 4사분면에 배열한 후 1사분면(중요도 High, 수준 차이 High) 항목과 Borich 요구도 상위 순위 항목을 비교하여 중복된 항목을 최우선 순위로 선정할 수 있다.

▌활용 시 주의사항

　　Borich 요구도 분석은 HRD 담당자에게 실질적인 정보를 제공하는데 용이하여 가장 많이 사용되고 있는 요구분석 방법이다. 이러한 장점에도 불구하고 요구 분석대상 항목이나 사례가 많을 경우 역량을 선별하는 데 있어 오히려 어려움을 주는 경우가 있다.

　　또한 교육요구를 확인하기 위해 특정 역량들에 대한 요구수준과 현재 수준을 묻는 과정에서 응답자들의 편향이나 이해관계에 영향을 받을 수 있다. 이는 자신의 현재 수준에 대해 정확하게 인식하지 못해 해당 역량에 대해 실제 수준보다 과도하게 점수를 부여하거나 그 반대의 점수를 줄 수 있다는 것을 의미한다.

　　아울러 조직에서 기대하는 결과를 추정해서 응답하는 경우도 있다. 이를 방지하기 위해서는 응답자의 응답 결과에만 의존할 것이 아니라 응답결과 외에 해당 역량에 대한 구성원들의 현재 수준을 객관적으로 바라볼 수 있는 인원들을 선정하여 응답 결과에 대한 타당성을 재확인해보는 것도 필요하다.

📖 참고문헌

김희봉, 송영수 (2013). 국내 대기업 조직구성원의 팔로워십 역량 도출 및 역량의 상대적 중요도 분석, **HRD연구**, 15(3), 29－51.

배을규 (2003). 기업 교육훈련 이해관계자 집단의 교육훈련 평가요구도 조사: 북미지역 핵발전 기업을 대상으로, **농업교육과 인적자원개발**, 35(2), 113－133.

성태제, 시기자 (2014). **연구방법론(2판)**. 서울: 학지사.

엄미리 (2009). 국내 교수설계자 역량개발을 위한 교육요구분석. **직업능력개발연구**, 12(1), 1－23.

오승국, 전주성, 박용호 (2014). 교육요구 우선순위 결정을 위하여 설문조사를 이용하는 기존 방법 보완 연구, **교육문제연구**, 27(4), 77－98.

조대연 (2009). 설문조사를 통한 요구분석에서 우선순위결정 방안 탐색. **교육문제연구**, 35, 165－187.

Borich, G. (1980). A needs assessment model for conducting follow－up studies. *Journal of Teacher Education, 31*(1), 39－42.

09

IPA(Importance-Performance Analysis, 중요도-수행도 분석) 방법

▌개념

중요도-수행도 분석이라고 할 수 있는 Importance-Performance Analysis(이하 IPA)는 Martilla & James가 1977년에 마케팅 학술지인 Journal of marketing에서 'Importance-performance analysis'라는 제목으로 발표된 이후 다양한 산업 분야에 적용되고 있다.

IPA는 중요도(Y축)와 수행도(X축)라는 두 개의 차원을 4사분면 (2×2 매트릭스)에 배치함으로써 현재 혹은 미래에 집중해야 할 영역과 불필요하게 과잉 투입되고 있는 영역을 간단하고 직관적으로 탐색할 수 있는 분석 방법 중 하나이다.

IPA는 복잡한 통계 절차가 필요하지 않으며 해석이 명확하고 시각적 표현이 우수한 장점을 가지고 있다. 이에 따라 HRD영역뿐만 아니라 조직 경영 활동에서 자원 투입의 우선순위를 의사결정하는 측면에서 효과적인 방법으로 IPA를 활용하고 있다.

▮ 설명

IPA 분석은 중요도(Y축)와 수행도(X축)의 평균 값(혹은 중앙값)을 기준으로 4사분면(2×2 매트릭스)으로 영역을 나누어 분석을 진행한다.

4사분면의 중심값을 평균값으로 설정할 것인지 혹은 중앙값으로 설정할 것인지에 대해 논란은 있지만 지나치게 한쪽으로 편향되지 않는다면 다수의 연구에서는 평균값을 중심값으로 설정하여 분석에 활용하고 있다. IPA 분석은 X축과 Y축의 중심값을 기준으로 유지 관리 영역, 집중 개선(개발) 영역, 점진적 개선(개발) 영역, 과잉 투자 영역으로 나눌 수 있으며 [그림 9-1]과 같이 구분하여 나타낼 수 있다.

1사분면은 역량의 중요도와 수행도가 높은 영역으로 현재 수준으로 유지 관리해야 하는 영역을 의미한다. 2사분면은 역량의 중요도는 높지만 현재 수행도가 낮은 영역으로 중요하게 인식되지만 수행

▼ 그림 9-1 IPA(중요도-수행도 분석) 매트릭스

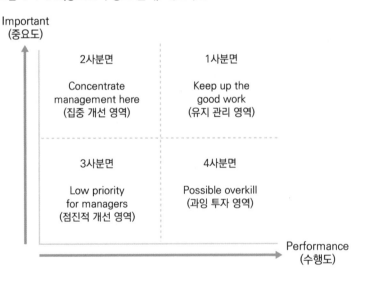

수준이 낮기 때문에 집중 개선(개발)이 필요한 영역이다. 즉 HRD에 배정된 자원을 해당 영역으로 이동하여 개선하는데 집중 활용해야 하는 부분이다.

3사분면은 역량의 중요도와 수행도가 낮은 영역으로 중장기적인 관점에서 점진적으로 개선(개발)하는 접근이 필요하다. 마지막으로 4사분면은 역량 중요도는 낮지만 수행도가 높은 영역으로 관련된 자원이 불필요하게 과잉 투자되고 있다는 것을 의미하는 것으로 비효율적 부분이 없는지 점검이 필요한 영역이다.

┃수행 절차

통상적인 IPA 수행 절차는 조사 대상 선정, 설문지 설계, 설문 진행, 데이터 코딩 및 분석 순으로 진행된다.

보다 구체적인 IPA 수행 절차를 도식화하면 [그림 9-2]와 같다.

▼ 그림 9-2 IPA(중요도-수행도 분석) 수행 절차

IPA는 복잡한 통계적 절차는 없으나 무엇보다도 분석에 적합한 데이터를 수집하는 것이 중요하다. 이에 따라 설문지 설계 단계부터 신중하게 접근해야 한다. 1단계 조사 대상 선정과 3단계 설문 진행은 Borich 요구도 분석과 유사하기 때문에 본 장에서는 2단계 설문지 설계와 4단계 데이터 코딩 및 결과 분석을 중심으로 설명하고자 한다.

2단계: 설문지 설계

IPA를 수행하기 위해 필요한 데이터는 중요도 수준과 수행도 수준을 측정한 데이터이다. 두개의 데이터를 구하기 위한 설문지 설계 방법은 <표 9-1>과 같이 역량별 중요도 수준과 수행도 수준을 각각 물어보는 방법이 있다.

▮ 표 9-1 역량별 중요도-수행도 수준 설문 구성 예시

1. 다음은 팔로워십을 발휘하는데 필요한 역량 중 귀하가 중요하다고 생각하는 역량을 알아 보기 위한 것입니다. 아래 제시된 역량에 대해 〈답변 기준〉에 따라 '✓' 표시하여 주시기 바랍니다.

1	2	3	4	5
전혀 중요하지 않다	중요하지 않다	보통이다	중요하다	매우 중요하다

팔로워십 역량	1	2	3	4	5
1. 조직목표이해: 조직의 목표를 개인 목표와 연계					
2. 업무전문성: 업무수행에 필요한 전문적 지식, 기술					
3. 혁신적 사고: 현재 방식을 개선하려는 노력					
4. 문제해결력: 문제의 해결방안을 설계하는 능력					
5. 협력: 구성원들과 적극적으로 협조하려는 자세					

2. 다음은 팔로워십 역량 중 귀하의 수행도 수준을 알아보기 위한 것입니다. 아래 제시된 역량에 대해 〈답변 기준〉에 따라 '✓' 표시하여 주시기 바랍니다.

1	2	3	4	5
매우 낮은 편이다	낮은 편이다	보통이다	높은 편이다	매우 높은 편이다

팔로워십 역량	1	2	3	4	5
1. 조직목표이해: 조직의 목표를 개인 목표와 연계					
2. 업무전문성: 업무수행에 필요한 전문적 지식, 기술					
3. 혁신적 사고: 현재 방식을 개선하려는 노력					
4. 문제해결력: 문제의 해결방안을 설계하는 능력					
5. 협력: 구성원들과 적극적으로 협조하려는 자세					

이는 두 가지 수준을 동시에 물어볼 수 있다는 장점으로 인해 IPA 실행 시 주로 사용하는 설문 설계 방법이다. 단, 중요도와 수행도 수준을 각각 답변해야 하기 때문에 측정 역량의 수에 따라 문항 수가 증가한다는 단점이 있다.

4단계: 데이터 코딩 및 결과 분석

연구자의 연구 목적과 성격에 따라 설문지를 설계하여 설문을 진행하였다면 수집된 데이터를 코딩하고 결과를 분석해야 한다. 결과를 분석하는 세부 절차는 다음과 같다.

먼저 수집된 데이터를 엑셀을 활용하여 [그림 9-2]와 같이 정리한 후 각 역량별 중요도 수준의 평균값과 보유도 수준의 평균값을 각각 도출해야 한다.

[그림 9-3]을 살펴보면 중요도 수준 평균 값으로 조직목표이해는 3.87, 업무전문성은 4.10으로 나타났다. 보유도 수준 평균 값으로 조직목표이해는 3.58, 업무전문성은 3.89로 나타났음을 알 수 있다.

▼ 그림 9-3 **엑셀을 활용한 데이터 정리**

	A	B	C	D	E	F	O	P	Q	R	S
2	구분	중요도 수준					보유도 수준				
3		조직목표이해	업무전문성	혁신적사고	문제해결력	협력	조직목표이해	업무전문성	혁신적사고	문제해결력	협력
107	104	4.00	4.33	3.33	4.00	3.75	4.00	4.33	3.33	3.67	3.75
108	105	4.33	3.67	3.67	3.33	4.00	4.33	4.67	3.00	4.00	4.00
109	106	4.00	4.33	4.67	4.33	4.50	3.00	3.67	3.67	3.33	4.00
110	107	4.33	3.00	3.67	3.67	3.75	4.33	2.33	3.67	3.67	3.25
111	108	3.33	3.33	3.33	3.67	4.00	3.33	4.00	3.67	3.67	3.75
112	109	4.00	4.33	4.67	4.00	4.25	3.67	4.67	4.00	3.00	4.00
113	110	4.33	3.33	4.33	2.67	3.25	4.33	3.67	3.00	3.67	3.75
114	111	4.33	5.00	4.67	4.00	4.75	4.33	3.33	3.67	4.00	4.25
115	112	4.00	4.33	3.33	3.67	4.25	3.67	3.33	2.67	4.00	4.25
116	113	3.00	4.67	3.67	4.33	4.25	2.33	3.33	2.67	4.33	4.00
117	114	4.00	3.67	4.67	3.67	3.75	3.67	4.00	3.67	3.00	3.50
118	115	4.00	4.33	3.67	5.00	4.75	3.67	4.67	2.33	3.00	3.25
119	116	3.67	4.33	3.67	4.33	4.50	3.33	3.33	3.33	4.33	3.00
120	117	5.00	5.00	5.00	5.00	5.00	3.33	2.33	2.00	3.00	2.75
121	118	3.00	2.67	4.00	4.00	4.00	2.67	3.33	3.67	3.33	4.00
122	119	5.00	5.00	4.33	4.67	5.00	3.33	3.67	3.00	3.33	3.50
123	평균	3.87	4.10	4.01	4.13	4.15	3.58	3.89	3.63	3.84	3.79

분석에 필요한 데이터만 별도로 정리하면 [그림 9-4]와 같다.

▼ 그림 9-4 **중요도-보유도 수준 평균 값**

역량명	중요도 수준 평균	수행도 수준 평균
조직목표이해	3.80	3.30
업무전문성	4.30	3.30
혁신적사고	4.30	2.80
문제해결력	4.10	3.80
협력	3.40	4.20
평균(중심값)	3.98	3.48

IPA 매트릭스에서 X,Y축의 중심값으로 활용

　　다음으로 엑셀로 정리된 역량별 중요도 평균과 보유도 수준 평균 데이터를 SPSS로 코딩하는 단계를 진행해야 한다. 데이터를 코딩하기 전에 IPA 실행에 필요한 변수가 무엇인지 확인이 필요하다.

　　[그림 9-4]에서 나타나는 것처럼 '역량명', '중요도 수준 평균 값', '보유도 수준 평균 값'이 필요한 것을 알 수 있다.

　　SPSS를 실행한 후 [그림 9-5]와 같이 변수 보기 탭으로 이동하여 변수를 라벨링 해야 한다. 변수 라벨링을 진행하지 않더라도 결과 값은 도출되지만 변수 설명이 없는 경우 추후 결과를 해석하는데 어려움이 발생할 수 있다. 이에 변수 라벨링을 먼저 진행하는 것이 향후 분석 단계에서 연구자에게 도움이 된다.

　　[그림 9-5]를 살펴보면 이름열에는 역량명, 중요도 수준, 수행도 수준으로 변수를 라벨링하였고 유형에는 역량명은 문자, 중요도 수준과 수행도 수준은 숫자로 각각 입력하였다. 그 외 변수들은 기본으로 설정된 조건으로 사용하였다. 데이터 보기 탭으로 이동하면 [그림 9-6]과 같이 라벨링한 변수가 좌측열부터 나열되어 있는 것을 확인할 수 있다.

▼ 그림 9-5 SPSS 실행 및 변수 라벨링

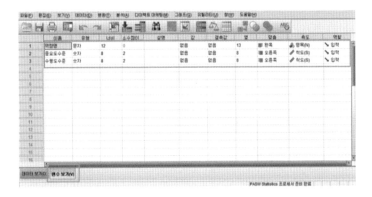

다음으로 앞서 정리한 엑셀 데이터를 각각의 변수 열에 입력해야 한다. [그림 9-6]과 같이 간단한 데이터는 직접 입력하는 것도 가능하지만 데이터의 양이 많을 경우 엑셀의 데이터를 복사하여 SPSS에 붙여넣으면 절차를 간소화할 수 있다.

▼ 그림 9-6 SPSS 데이터 입력

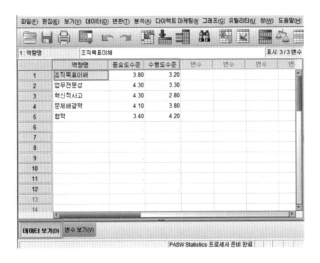

SPSS에 데이터가 입력이 되었으면 IPA 실행 준비가 완료된 것이다. IPA 매트릭스를 그리기 위해서는 [그림 9-7]과 같이 상단 메뉴바에서 그래프 → 레거시 대화 상자 → 산점도/점도표 순으로 클릭한다.

▼ 그림 9-7 IPA 실행 메뉴

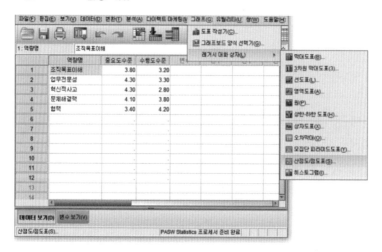

'산점도/점도표'를 클릭하면 그래프 유형을 선택하는 대화창이 나오는데 단순 산점도를 선택하고 '정의' 버튼을 클릭한다.

▼ 그림 9-8 그래프 유형 선택 메뉴

단순 산점도 그래프 유형을 선택했다면 Y축 값과 X축을 명명하는 대화창이 나온다. Y축은 중요도 수준, X축은 수행도 수준으로 명명해주고 케이스 설명 기준변수는 역량명으로 명명해준다. 이후 옵션 메뉴를 클릭하여 케이스 설명과 함께 도표 출력을 활성화한 후 계속 버튼을 클릭한다. [그림 9-9]와 같이 설정되었다면 확인 버튼을 클릭한다.

▼ 그림 9-9 IPA 그래프 설정

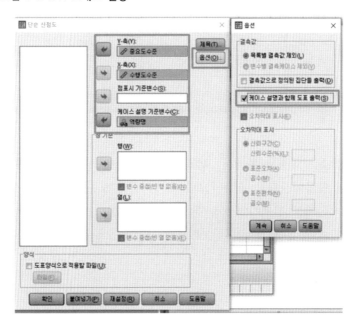

확인 버튼을 클릭하면 [그림 9-10]과 같이 IPA 그래프가 출력된 결과를 확인할 수 있다. 하지만 4사분면으로 구분되기 이전의 그래프로 중요도 수준과 수행도 수준의 평균값을 활용하여 중심값을 설정하는 작업을 진행해야 한다.

▼ 그림 9-10 IPA 그래프 결과 출력 화면

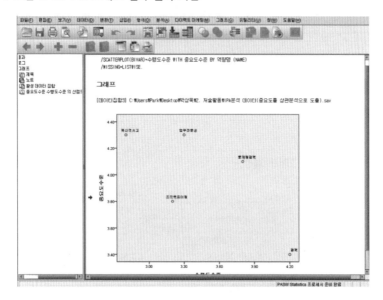

　　중심값 설정을 위해서 그래프 화면을 더블 클릭하여 도형 편집 메뉴를 활성화시킨다. 이후 [그림 9-11]에서 보는 바와 같이 상단의 옵션 메뉴바를 선택하면 X축 참조선과 Y축 참조선 메뉴가 나타나는데 각각의 메뉴를 선택하여 X축의 중심값과 Y축의 중심값을 입력하면 된다.

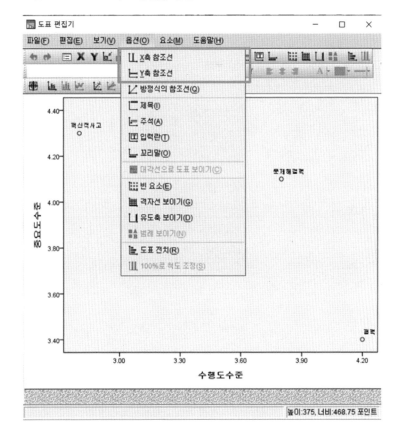

X축, Y축의 중심값을 입력하면 [그림 9-12]와 같이 4사분면의 IPA 그래프가 완성되는 것을 확인할 수 있다.

[그림 9-12]의 결과에 따르면 2사분면에는 위치한 '혁신적 사고'와 '업무전문성'은 우선적으로 집중 개발되어야 하는 역량으로 나타난 반면, 4사분면에 위치한 '협력'은 중요도 수준은 낮지만 수행도 수준이 높아 해당 역량 개발에 투입된 자원을 줄이거나 재배분해야

하는 것으로 보여진다. 이와 같이 4사분면을 통해 시급하게 개발되어야 할 역량이 무엇인지 시각적으로 확인할 수 있다.

▼ 그림 9-12 IPA 그래프 결과 및 분석

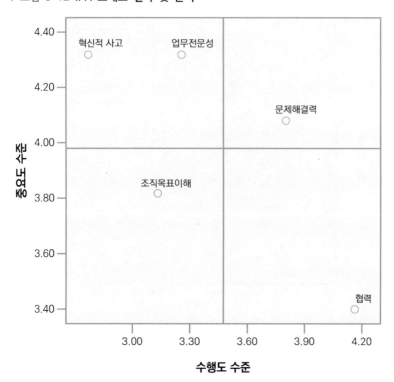

▌ 적용사례

박상욱, 송영수 (2019). 국내 팔로워십 연구대상 집단별 역량개발 요구도 및 상대적 중요도 분석. 기업교육과 인재연구, 21(2), 57-86.

해당 연구는 집단별 조직 문화적 특성에 따라 우선적으로 개발되어야 하는 팔로워십 역량이 다를 것이라는 가설을 확인하기 위해 IPA 분석을 수행하였다. [그림 9-13]과 같이 전체 집단에서 공통적으로 개발이 필요한 역량, 집단별로 집중 육성이 필요한 역량을 가시적으로 확인할 수 있다.

▼ 그림 9-13 **집단별 팔로워십 역량에 대한 IPA 결과**

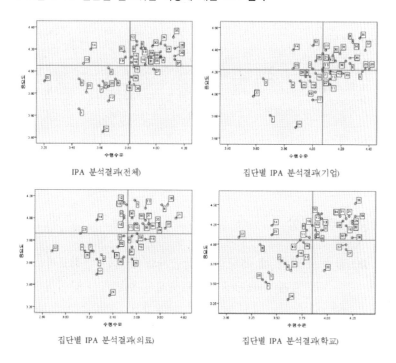

또한 해당 연구는 <표 9-2>와 같이 Borich 요구 분석과 IPA 결과를 혼용하여 시사점을 도출한 것을 알 수 있다. IPA 결과를 통해서 집중 육성해야 할 역량이 무엇인지 의사결정을 할 수 있지만

Borich 교육 요구도 분석 결과와 교차 분석한다면 명확한 결과를 도출할 수 있다는 장점이 있다.

이에 교육 요구도 분석의 수준을 높이기 위해서 타 연구방법과 혼용하여 사용한다면 의미있는 결과를 얻을 수 있을 것이다.

▌표 9-2 Borich 요구 분석과 IPA 혼용 결과 예시

	전체	기업	의료	학교
IPA 분석 (집중육성영역)	리더신뢰	조직/개인목표 연계	변화적응	변화적응
			갈등관리	정보활용
	갈등관리	적시보고	유연성	유연성
IPA & Borich (상호중복영역)	리더 후원	리더 후원	리더 후원	리더 후원
		리더 신뢰	시간관리	건전한 비판
	설득력	설득력	설득력	설득력
Borich 계수 (요구도 상위 10%)	건전한 비판	전략적 사고	건전한 비판	창의성
	창의성			

▌활용 시 주의사항

중심값을 선택할 때 평균값이 극단치로 몰리는 천정효과(ceiling effect) 혹은 바닥효과(floor effect)가 발생하여 변별력이 낮아질 수 있음을 주의해야 한다. 이러한 경우에는 평균값보다는 중앙값을 사용하여 선택하는 것을 추천한다.

📖 참고문헌

김보미, 이동근 (2017). 전통적 IPA(Importance－Performance Analysis)와 수정된 IPA의 비교연구; 순천만 습지를 대상으로. **한국조경학회, 45**(2), 40－50.

이미나, 박성희 (2015). 영재교육 담당교원의 핵심역량 인식에 대한 중요도와 실행도(IPA) 분석. **영재교육연구, 25**(6), 927－949.

Martilla, J. A., & James, J. C. (1977). Importance－performance analysis. *Journal of Marketing, 41*(1), 77－79.

10

AHP(Analytic Hierarchy Process, 계층화 분석) 방법

▌개념

AHP방법은 의사결정문제가 다수의 평가기준으로 이루어져 있을 때 평가기준들을 주요 요인과 세부 요인으로 계층화한 후 계층 간 요소들 간의 쌍대비교(pair wise comparison)를 통해 중요도를 정해가는 다기준 의사결정기법이다.

▌특징

AHP는 계량적 방법으로 의사결정을 내리기 어려운 분야에서 의사결정을 내려야 할 때 주로 사용되는데 양적인 변수뿐만 아니라 심리적 변수 등과 같은 질적인 변수도 측정이 가능하다. 아울러 AHP는 주로 전문가 집단을 대상으로 응답자의 지식과 경험 및 직관을 포착할 때 사용된다.

✏️ AHP의 특징

- 변수들 간 상대적 중요도 산출
- 변수들의 우선순위 제시
- 양적 변수와 질적 변수 측정 가능
- 의사결정 시 판단자료 제공
- 전문가 집단의 지식, 경험, 직관 포착

▌수행절차

AHP는 동일 수준에 있는 역량들의 중요도를 산정하기 위해 두 개의 역량만을 비교하는 쌍대비교하는 방식으로 진행된다. AHP 분석방법은 [그림 10-1]에서 보는 바와 같이 의사결정계층을 설정하고 각 역량 간 쌍대비교, 가중치 추정 및 가중치를 종합하는 순으로 진행된다.

▼ 그림 10-1 AHP 분석방법

출처: 송성환, 권성훈, 박진범, 홍순기(2009), Delphi를 사용한 AHP 방법론에 관한 연구. **경영과학**, 26(1), p. 55.

김희봉 (2013). **팔로워십 역량의 중요도 및 역량개발요구도 분석.** 박사학위 논문.

의사결정계층 설정

AHP의 첫번째 단계는 요소들의 계층을 설정하는 것이다. 이를 위해서는 각각의 요소들을 포괄할 수 있는 상위 요인을 설정하고 이에 따른 하위 요인을 설정해야 한다.

AHP분석을 위해서는 분석대상들을 위계화해야 할 필요가 있으며 일관성 확보 차원에서 각 위계별 구성요소의 수를 최대 9개 이내로 한정하는 것이 좋다.

[그림 10−2]를 보면 계층화된 팔로워십 역량은 제1계층(역량군)의 경우 지식, 기술, 태도 등 3개 역량으로 구성했고 제2계층(주요역량)의 경우 지식영역은 3개 역량, 기술영역은 4개 역량, 태도영역은 5개 역량으로 구성했다. 제3계층(세부역량)의 경우에는 제2계층에서 제시된 역량의 하위 역량으로 각 역량별 3~4개의 역량으로 구성했다.

쌍대비교

이처럼 계층을 설정한 후에는 요인들 간 중요도를 확인하기 위해 두 개의 요인을 제시하여 둘 중 어느 요인이 더 중요한지에 대한 설문을 수행한다. 일반적으로는 1부터 9까지의 숫자를 사용한 등간 척도로 측정한다.

쌍대비교를 통한 계량적인 판단을 하기 위해서는 신뢰할 만하고 이용가능한 척도가 필요하다. 그리고 응답자들이 정확한 값을 선택해야 한다는 부담을 갖지 않도록 하기 위해 AHP에서는 <표 10−1>과 같이 9점 척도를 사용한다.

▼ 그림 10-2 **계층화된 팔로워십 역량**

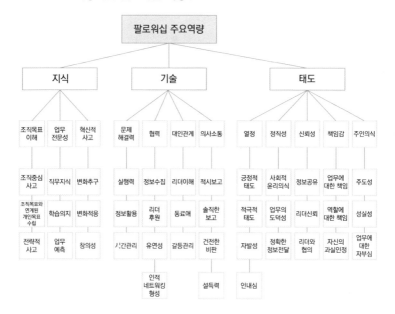

▌표 10-1 **AHP 척도**

역량 A는 역량 B보다 "절대적으로(극히) 중요하다."인 경우의 응답 예시

평가 항목	극 히		매우 많이		많 이		약 간		동 등		약 간		많 이		매우 많이		극 히	평가 항목
역량 A	9	8	7	6	5	4	3	2	1	2	3	4	5	6	7	8	9	역량 B

가중치 추정

다음으로는 수집한 설문응답에 대한 상대적 가중치(priority vector)를 추정하는 것이다. 일반적으로는 고유치 계산법을 적용하는데 이는 요인들 간 쌍대비교를 통해 최대 고유치 값을 구한 후 고유벡터를 정규화하여 요인들 간의 가중치를 산정하는 방법을 사용한다.

가중치 종합

이후 일관성 지수(consistency index, 이하 C.I)와 일관성 비율(consistency ratio, 이하 C.R)을 사용하여 검증을 하게 되는데 이는 설문응답자들의 응답이 논리적으로 유지되었는지를 확인하는 과정이다. 이 때 C.R값이 0.1 이하인 경우에 응답자의 일관성이 확보되었다고 판단할 수 있다.

▌표 10-2 AHP 가중치 종합결과

역량군	상대적 중요도	팔로워십 주요 역량	계층내 중요도	종합 중요도	팔로워십 세부역량	계층내 중요도	종합 중요도
지식	17.1%	조직 목표 이해	27.4%	4.69%	조직중심 사고	29.4%	1.380%
					조직 목표와 연계된 개인목표 수립	30.6%	1.433%
					전략적 사고	40.0%	1.875%
		업무 전문성	50.7%	8.66%	직무지식	52.1%	4.514%
					학습의지	31.3%	2.713%
					업무예측	16.6%	1.436%
		혁신적 사고	21.9%	3.75%	변화추구	31.1%	1.167%
					변화적용	33.1%	1.238%
					창의성	35.8%	1.341%
기술	23.0%	문제 해결력	29.1%	6.71%	실행력	65.5%	4.389%
					정보활용	19.0%	1.276%
					시간관리	15.5%	1.040%
		협력	28.1%	6.47%	정보수집	14.4%	0.932%
					리더후원	48.2%	3.118%
					유연성	17.0%	1.102%
					인적 네트워킹 형성	20.4%	1.321%

역량군	상대적 중요도	팔로워십 주요 역량	계층내 중요도	종합 중요도	팔로워십 세부역량	계층내 중요도	종합 중요도
기술	23.0%	대인 관계	20.3%	4.67%	리더이해	59.2%	2.765%
					동료애	20.6%	0.963%
					갈등관리	20.2%	0.946%
		의사 소통	22.5%	5.17%	적시보고	34.7%	1.793%
					솔직한 보고	29.0%	1.500%
					건전한 비판	18.3%	0.947%
					설득력	18.0%	0.929%
태도	59.9%	열정	12.3%	7.38%	긍정적 태도	24.4%	1.799%
					적극적 태도	29.7%	2.195%
					자발성	32.1%	2.369%
					인내심	13.8%	1.021%
		정직성	19.8%	11.48%	사회적 윤리의식	29.9%	3.544%
					업무의 도덕성	52.0%	6.160%
					정확한 정보전달	18.1%	2.140%
		신뢰성	27.5%	16.48%	정보공유	13.6%	2.248%
					리더 신뢰	52.0%	8.578%
					리더와 협의	34.3%	5.654%
		책임감	24.7%	14.80%	업무에 대한 책임	39.5%	5.851%
					역할에 대한 책임	44.5%	6.585%
					자신의 과실 인정	16.0%	2.365%
		주인 의식	15.7%	9.37%	주도성	36.3%	3.404%
					성실성	46.1%	4.321%
					업무에 대한 자부심	17.6%	1.648%

▌타 연구방법과의 혼용방법

AHP는 주로 전문가 집단을 대상으로 시행하는 방법이어서 델파이 조사와 병행하는 경우, 양적인 방법과 질적인 방법을 모두 사용할수 있다. 이와 같이 혼용해서 사용할 경우, 이른바 자료의 수집과 분석간 삼각검증(triangulation)이 가능하며 결과에 대한 타당도와 신뢰도를 확보하는데 용이하다.

▌주의사항

AHP에서는 응답자가 논리적 일관성을 유지하는 것이 중요하다. 이를 위해 응답자의 판단이 유의미한지를 검증하기 위해 일관성 지수(C.I)와 일관성 비율(C.R)을 제시해야 한다. 만일 쌍대비교 결과 일관성비율이 0.1을 넘을 경우에는 응답자가 논리적 일관성을 유지하지 못하고 있는 것으로 판단하기 때문에 CR<0.1인 자료에 한해 분석해야 한다.

▌에피소드

델파이 조사대상자 중에서 AHP 대상자를 선정했는데 그 이유는이들이 팔로워십 역량 도출과정에 직접 참여했기 때문에 내용에 대한 이해도가 높으며 연구의 일관성을 확보할 수 있기 때문이다. 델파이 조사와 AHP기법을 혼합한 연구는 의사결정자들이 의사결정 프로세스에 만족하고 결과에 대한 자신감을 가지며 서로 상이한 아이디어를 가진 전문가들의 부정적 갈등을 최소화시킨다는 효과가 있다.

한편 일관성 비율의 기준치를 0.1로 산정한 것은 응답자가 전문가 집단일 경우이다. 일반인을 대상으로 설문을 하게 되면 일관성이 기준치를 초과하게 되는 경우가 많은데 이 때에는 일관성 비율을 0.2 또는 0.3까지 확대해서 분석하는 경우도 있다.

📖 참고문헌

김희봉 (2013). 팔로워십 역량의 중요도 및 역량개발요구도 분석. 박사학위 논문.

송성환, 권성훈, 박진범, 홍순기 (2009). Delphi를 사용한 AHP방법론에 관한 연구. 경영과학, 26(1), 53 – 64.

조근태, 조용권, 강현수 (2003). 앞서가는 리더들의 계층분석적 의사결정. 동현출판사.

Saaty, T. L. (1995). *Decision making for leaders*. RWS Publishings.

11

델파이 조사(Delphi Method)

▌개념

델파이는 1950년대 랜드 연구소(Rand Corporation)에서 대면토론의 한계를 극복하고 급박한 군사 문제를 해결하기 위해 최초로 개발되었으며 이후 1960년에 민간에게 공개되었다.

델파이는 쟁점이 되는 분야의 전문가들을 대상으로 그들의 의견을 반복적으로 수집하고 교환한 후 수정하는 과정을 통해 합의된 의견을 끌어내는 주관적이며 직관적인 방법이다.

이 방법은 현재 이론이 체계화되지 않았거나 양적인 방법으로 측정이 어려운 경우 혹은 해당 쟁점에 대한 전문지식이나 사례 정보가 부족한 경우에 적절하다.

델파이는 한 사람의 의견보다는 두 사람의 의견이 정확하고 소수의 판단보다는 다수의 판단이 정확하다는 원리에 근거를 두고 있다. 그래서 전문가의 의견을 종합할 뿐 아니라 그들의 판단을 통해 하나의 의견을 도출하는 방법으로 맥락에 따라 변화하는 사회과학의 연구 쟁점에 적합하다.

▌특징

델파이는 전문가들의 전문성에 기반한 예측을 합의하여 진행하는 방법으로 선정된 전문가에 의해 연구 결과가 달라질 수 있다. 따라서 연구에 적합한 전문가를 선정하여 전문가 집단을 구성하는 것이 델파이 결과의 성패를 결정짓는 가장 중요한 문제라고 할 수 있다.

델파이는 전문가 집단의 반복적 설문을 통해 전문가의 의견을 다른 전문가에게 전하고 그에 대한 의견을 구하면서 합의에 이르는 환류의 특징을 가진다.

그리고 이처럼 의견이 환류되는 과정에서 전문가들의 의견이 더해지고 정교해지기 때문에 정보의 질과 타당성을 확보할 수 있는 특징이 있다.

델파이는 이메일로 진행하는 것이 일반적이다. 이는 한자리에 모이기 힘든 전문가들을 동시에 참여시켜 다양한 의견과 사례를 구할 수 있기 때문이다.

그래서 델파이는 물리적인 제약에서 벗어날 수 있을 뿐만 아니라 경제적으로도 효율적이라는 특징을 지니고 있다.

델파이가 진행될 때 연구자는 전문가의 의견을 종합하여 정리한다. 이를 통해 최종 결과가 어떻게 도출될지 예측할 수 있으므로 연구의 방향이 목적과 다른 방향으로 흘러갈지라도 연구자가 이를 바로잡을 기회가 있다는 특징이 있다.

델파이를 통해 도출된 전문가 의견은 다른 질적 연구방법과 달리 양적인 통계적 방법으로도 표현될 수 있어 신뢰성과 타당도를 확보할 수 있다는 특징 또한 빠질 수 없다.

다만 연구자가 충분한 사전 조사를 하지 않는다면 델파이를 위한 설문 구성이 어렵기 때문에 선행연구에 대한 충분한 검토가 필요하다.

한편 델파이에 참여하는 전문가 집단이 응답을 성실히 하지 않거나 기한 내에 보내주지 않으면 연구에 차질이 생길 수밖에 없으므로 전문가 집단의 참여 동기를 강화하는 등 극복하는 방안을 고려해야 한다.

아울러 연구자는 전문가 집단이 델파이 설문에 충실히 응답할 수 있는 역량이 있는지를 고려하여 선정해야 한다. 그리고 필요할 경우 델파이에 대한 사전 정보를 전달하여 방법을 충분히 인지한 후 참여할 수 있도록 유도해야 한다.

✏ 델파이의 특징

- 전문가 간 의견 환류를 통한 합의 도출 가능
- 전문가 집단의 익명성 보장
- 연구자의 연구 결과 예측 가능
- 연구 결과의 양적인 통계적 표현 가능

▌수행절차

델파이는 연구 분야에 대한 전문가를 선정한 후 동일한 전문가 집단에 대해 여러 차례에 걸친 설문을 통해 진행되는데 일반적으로는 3단계 수행절차가 있다.

첫 번째는 사전준비 단계다. 이 단계에서는 원하는 연구 결과를 얻는데 중요한 연구 문제, 전문가 선정, 설문 단계 설정을 결정한다.

이를 위해서는 먼저 조사하고자 하는 문제를 명확히 결정해야 한다. 연구목적이나 문제가 너무 넓거나 모호하다면 전문가들이 이를 각자 다르게 받아들여 의도한 바와 다른 의견을 줄 수 있기 때문에 최대한 명확하고 좁은 범위로 제시할 필요가 있다.

다음으로는 연구에 적절한 전문가를 선정해야 한다. 연구자는 연구주제와 관련된 분야에 적합한 전문가 선정기준을 마련한 후 이에 따라 전문가 집단을 구성해야 한다. 이를 위해 연구목적과 관련된 분야의 전문가들이 가진 대표성, 적절성, 성실성, 적정 인원수와 그들이 처한 상황을 함께 고려할 필요가 있다.

델파이에서 전문가 집단 크기는 최소 10명이며, 15명 내외일 때 연구결과의 오차를 최소화할 수 있고 신뢰도 확보에 바람직한 것으로 여겨진다.

두 번째는 설문조사 단계다. 이 단계에서는 전문가들을 대상으로 설문지를 발송하고 회수한 후 결과를 바탕으로 다시 설문지를 구성하여 발송하는 과정을 거친다.

1차 설문지의 경우 반구조화된 설문지를 통해 전문가들의 자유롭고 다양한 의견을 구할 수 있도록 구성하는 것이 좋다. 다만, 응답의 범위가 너무 커지면 연구목적 달성에 어려움이 있을 수 있어 연구자가 문헌고찰, 심층 인터뷰 등을 통해 사전에 도출한 결과 등을 참고용으로 함께 제시해주는 것이 좋다.

2차 설문지는 1차 설문 결과에서 도출된 다양한 의견을 바탕으로 유사한 것을 통합하거나 적합하지 않다고 판단되는 것을 삭제하고 전문가 의견을 바탕으로 연구자의 사전 도출 내용을 수정하는 등의 과정을 거친다.

이를 바탕으로 2차 설문지는 '필수적인지 여부'를 쓰는 것이 원칙이나, 일반적으로 Likert 척도를 사용하기도 한다. 이를 위해 5점 척도 또는 7점 척도로 구성된 구조화된 설문지를 활용한다. 즉 연구자가 전문가의 의견을 정리한 것에 대한 동의 여부를 '완전 동의 – 조금 동의 – 보통 – 조금 비동의 – 완전 비동의' 등의 선택지를 통해 물어보는 것이다.

설문 결과를 바탕으로 평균, 표준편차 등과 함께 내용타당도 비율(Content Validity Ratio, CVR) 값을 구한다. 공식 내의 N은 전체 응답자 수를 의미하고 Ne는 필수적이라고 응답한 응답자 수를 의미한다. 그리고 5점 척도의 경우 통상적으로 4점 이상을 필수적인 항목으로 사용한다. 일반적으로 평균은 4.0 이상, 표준편차는 1.0 미만일 때 타당도를 확보했다고 판단한다.

그리고 내용타당도 비율은 1에 가까울수록 타당도가 높다고 판단할 수 있는데 응답자 수에 따라 요구되는 최소값이 달라진다. 10명인 경우 0.62, 15명인 경우 0.49, 25명인 경우 0.37의 최소값이 요구된다.

✏ CVR 공식

$$CVR = \frac{N_e - \dfrac{N}{2}}{\dfrac{N}{2}}$$

N: 응답자수, Ne: 필수적이라고 응답한 수

2차 설문으로 도출된 전문가 응답은 위의 기준에 따라 분석하여 다시 통합하고 삭제하며 수정하는 과정을 거친다.

마지막으로 3차 설문은 2차 설문과 마찬가지로 5점 척도 또는 7점 척도로 구성된 구조화된 설문지를 통해 이루어진다. 마지막 설문이기 때문에 전문가가 자신의 제시한 의견을 심사숙고할 수 있도록 유도해야 하며 수정할 수 있는 기회도 제공할 필요가 있다.

설문의 결과는 2차 설문과 마찬가지로 평균, 표준편차, 내용타당도 비율을 도출하여 통합하고 삭제하며 수정하게 된다.

이 때 중요한 것은 설문에서 소수의 의견이라고 하여 무시하면 안된다는 것이다. 보통 다수의 의견만을 반영하고 소수의 의견은 삭제하는 등의 실수를 하기 쉬운데 연구자가 판단하기에 중요한 의견이라면 소수 혹은 한 명의 의견이라도 반영할 필요가 있다.

그리고 여러 차례에 걸친 설문에서 같은 의견을 반복적으로 피력하는 전문가가 있다면 그 이유가 무엇인지 확인해야 한다. 이를 통해 전문가가 연구 문제를 잘못 이해했거나 혹은 연구자가 미처 발견하지 못한 오류나 중요 이슈를 발견할 수도 있기 때문이다.

한편 델파이를 세 차례로 설계했다고 해서 반드시 세 차례로 끝낼 필요는 없다. 만약 전문가의 의견이 충분히 수렴되지 않았다면 충분할 때까지 반복해야 한다.

델파이에서 설문을 몇 번 할지에 대해 결정하는 것은 원하는 연구 결과를 얻기 위한 중요한 이슈 중 하나이다. 보통 1차 설문과 2차 설문에서 전문가 응답의 변화가 크게 나타나며 5차 이후로는 큰 변화가 나타나지 않기 때문에 일반적으로는 3차에 걸친 설문을 진행한다.

세 번째는 평가 및 정리 단계다. 이 단계에서는 설문조사의 결과를 최종 정리하여 결과를 도출하고 전문가 의견을 바탕으로 연구문제에 따른 답을 제시하게 된다.

이때 필요하다면 문헌고찰, 초점집단면접(FGI: Focus Group Interview) 등을 통해 연구 결과를 보완할 수 있다.

델파이의 분석 및 수행 절차를 정리하면 <그림 11－1>과 같다.

▼ 그림 11-1 델파이 분석 및 수행 절차

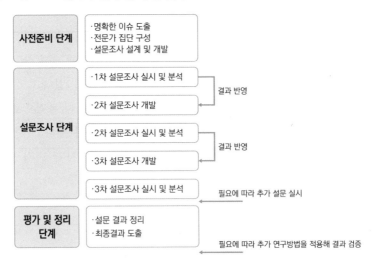

▌적용사례

박상욱, 송영수 (2020). 국내 대기업 밀레니얼 세대 구성원의 팔로워십 역량 모형 구축에 관한 탐색적 연구, 기업교육과 인재연구, 22(4), 53-80.

델파이 조사를 위한 1차와 2차 설문지는 <표 11-1>과 <표 11-2>에서 보는 바와 같다. 1차 델파이 설문지에서 제시한 팔로워십 역량 구성요인은 문헌연구 및 심층인터뷰 등의 예비조사를 통해 도출한 것이다.

┃ 표 11-1 1차 델파이 설문지

1. 귀하께서 생각하시는 국내 대기업집단 밀레니얼 세대 조직 구성원의 팔로워십 역량 구성요인을 아래의 [보기]를 참조하여 5-10개 정도 선정해주시기 바랍니다.
2. 선정하신 구성요인에 대한 설명(정의)을 간략하게 작성하여 주시기 바랍니다.

구분	[보기] 팔로워십 역량 구성요인(예비조사 결과)
신규 도출 역량 (심층인터뷰)	변화센싱능력, 도전정신, 성장의지, 수용성, 학습민첩성 등
선행 연구 역량 (문헌분석)	갈등관리, 긍정적 태도, 독립성, 문제해결능력 비판적 사고 등
구성요인	**팔로워십 역량 설명**
예시) 변화센싱능력	현재에 안주하지 않고 내부, 외부 환경의 변화를 감지하여 트렌드와 이슈를 선제적으로 발굴할 수 있는 능력

┃ 표 11-2 2차 델파이 설문지

1. 다음은 1차 조사결과를 바탕으로 수정된(통합, 재명명, 유지) 21개의 구성요인입니다. 수정 후 내용에 대하여 동의하실 경우 '동의'란에 (O)를 표시해주시기 바랍니다. 만약, 동의하지 않으실 경우 의견 및 이유를 작성해주시기 바랍니다.

No	수정 전 (~을)	변경내용	수정 후 (~으로)	동의	동의하지 않음 (의견작성)
1	학습 민첩성	통합/재명명	학습민첩성		
	성장의지				
	학습의지				
2	공감능력	통합/재명명	공감능력		
	상호존중				

...

1. 다음의 구성요인에 대한 개념 정의를 읽어보시고 내용에 동의하실 경우 '동의'란에 (O)를 표시해주시고, 동의하지 않으실 경우 의견을 작성해주시기 바랍니다.

No	구성요인	개념정의	동의	동의하지 않음 (의견작성)
1	학습민첩성	현실에 안주하지 않고 발전하고 성장하려는 내재적 특성으로 업무에 필요한 지식이나 기술을 인식하고 자발적인 자세로 학습하여 업무상황에 적용하려는 태도		
2	공감능력	조직 내 구성원의 다양한 세대적 특성과 가치를 인정하고 인격적으로 존중하는 태도를 보이며, 타인의 입장과 역할을 인지적으로 지각하고 공감하는 능력		

...

1. 다음의 구성요인을 보시고 밀레니얼 세대 구성원에게 요구되는 팔로워십 역량의 중요도를 1-5점 중 기재해주시기 바랍니다.
(1-전혀 중요하지 않음, 2-중요하지 않음, 3-보통 수준, 4-중요, 5-매우 중요)

No	구성요인	개념정의	중요도
1	학습민첩성	현실에 안주하지 않고 발전하고 성장하려는 내재적 특성으로 업무에 필요한 지식이나 기술을 인식하고 자발적인 자세로 학습하여 업무상황에 적용하려는 태도	
2	공감능력	조직 내 구성원의 다양한 세대적 특성과 가치를 인정하고 인격적으로 존중하는 태도를 보이며, 타인의 입장과 역할을 인지적으로 지각하고 공감하는 능력	

...

델파이를 활용한 연구결과물은 <표 11-3>과 같이 표현할 수 있다.

1차조사결과			2차조사결과				
구성요인	빈도	통합/재명명	CVR	중요도	SD	처리	통합/재명명
학습민첩성	9	학습민첩성	0.91	4.6	0.6	유지	학습민첩성
성장의지	7						
학습의지	4						
전문성	3	업무전문성	0.36	4..0	0.8	삭제	
직무능력	2						

이 연구에서는 <표 11-2>를 통해 밀레니얼 세대 구성원의 팔로워십 역량 구성요인과 개념적 정의에 대한 1차 델파이 조사 결과 전문가들이 언급한 구성요인의 언급빈도, 유사단어, 의미 등을 확인하여 통합, 재명명하는 과정을 거쳐 재정리한 것을 확인할 수 있다.

또한 2차 델파이 조사를 거쳐 내용타당도 비율(CVR), 중요도(평균 4.0 이상), 표준편차(1.0 미만)의 값에 따라 유지 혹은 삭제한 것을 알 수 있다. 그리고 연구에 따라 통합, 유지, 삭제 외 변경(수정) 및 분리 등을 통해 결과를 정리할 수 있다.

이와 같은 과정 및 결과를 통해 도출한 3차 델파이 설문지는 <표 11-4>와 같다.

1. 다음은 전문가분들께서 제시해주신 구성요인 재명명/통합 및 개념정의에 대한 수정 의견을 반영한 결과입니다.

   1) 수정된 구성요인과 개념정의 내용에 동의하실 경우 '동의'란에 (O)를 표시해주시기 바랍니다.

   2) 수정된 구성요인으로 밀레니얼 세대 조직 구성원의 팔로워십 역량 중요도를 1~5점으로 작성해주시기 바랍니다.

   (1-전혀 중요하지 않음, 2-중요하지 않음, 3-보통 수준, 4-중요, 5-매우 중요)

   ※ 수정한 내용에 밑줄 표시

수정			수정 후		답변작성		
구성 요인	변경	전문가의견	구성 요인	정의	동의	동의 하지 않음 (의견 작성)	중요도 (1-5점)
공감 능력	통합	수용성은 공감능력과 중복된 의미로 통합	공감 능력	조직 내 구성원의 다양한 특성과 가 치를 이해하고 타 인의 입장과 역할 을 인식하여 새로 운 의견을 편견 없이 수용하며 유 연하게 대처하는 능력			
수용성							
긍정적 태도	유지	의견 없음	긍정적 태도	자신의 일과 상황 에 의미를 부여하 고 긍정적인 방향 으로 이끌어가려 는 자세			

...

1. 밀레니얼 세대 구성원의 팔로워십 역량 구성요인을 개인영역, 관계영역, 조직영역으로 나누어 구분하였습니다, 개념 정의를 참고하시어 해당 구분에 동의하실 경우 '동의' 란에 (O)를 표시해주시고, 동의하지 않으실 경우 추가 의견을 작성해주시기 바랍니다.

No	구성요인	개념정의	구분	동의	동의하지 않음 (의견작성)
1	학습 민첩성	현실에 안주하지 않고 발전하고 성장하려는 내재적 특성으로 업무에 필요한 지식이나 기술을 인식하고 자발적인 자세로 학습하여 업무상황에 적용하려는 태도	개인영역		
2	공감	조직 내 구성원의 다양한 특성과 가치, 상대방의 역할을 이해하여 자신과 다른 의견을 편견 없이 수용하려는 자세	관계영역		
3	변화 감지	내부, 외부 환경의 변화된 정보를 수집하여 업무와 직/간접적으로 연계된 이슈를 발굴하고 활용하는 능력	조직영역		

...

이 연구에서는 3차 델파이를 통해 2차 결과에서 도출된 역량 구성요인과 개념적 정의에 대한 전문가의 동의 여부와 의견을 확인하여 <표 11-5>와 같은 결과를 도출했다. 그리고 연구자는 역량의 성격에 따라 개인, 관계, 조직의 세 가지 차원으로 구분하고 전문가의 동의 여부를 확인하여 최종 역량 모형을 확정지었다.

표 11-5 **3차 델파이 조사 결과**

영역 구분	구성 요인	개념적 정의	CVR	평균	SD
개인	학습 민첩성	현실에 안주하지 않고 자신의 성장과 발전을 위해 필요한 지식, 기술을 학습하고 업무상황에 적용하는 능력	0.73	4.50	0.74
관계	협력	공동의 목표를 달성하기 위해 구성원들과 적극적으로 협조하려는 자세	1.00	4.86	0.35
조직	변화 감지	내부, 외부 환경의 변화된 정보를 수집하여 업무와 직/간접적으로 연계된 이슈를 발굴하고 활용하는 능력	0.55	4.23	0.81

이처럼 델파이를 통해 아직 이론적으로 정리되지 않은 분야를 전문가의 의견 교류와 합의를 거쳐 정교화시킬 수 있으며 양적인 통계를 통한 타당도와 신뢰성도 확보할 수 있다.

수정된 델파이 기법

델파이는 최근까지도 활발히 사용되는 연구방법으로 다양한 분야에 적용할 수 있다는 장점이 있지만 합의에 도출될 때까지 장시간이 걸린다는 단점이 있다.

이를 극복하기 위해 1차 델파이 설문에서 구조화된 설문지를 사용하여 설문절차를 3회에서 2회로 줄이는 수정된 델파이 기법(Modified Dephi technique)이 Murray와 Hammond에 의해 1995년에 개발되었다.

이를 활용한다면 물리적인 시간을 절약할 수 있으나 기존의 델파이에 비해 구조화된 설문지를 개발하기 위한 연구자의 큰 노력이 요구된다.

따라서 구조화된 설문지에 개방형 질문을 포함하여 전문가의 다양한 의견을 구하는 방법 등을 통해 수정된 델파이 기법을 보완할 필요가 있다.

▌주의사항

델파이는 전문가 집단이 다차례 서면 설문에 응해야 하는 번거로움이 있다. 그리고 합의에 이를 때까지 너무 오랜 시간이 소요되면 전문가 집단의 집중력이 떨어져 의도하지 않은 결과가 도출될 수 있다.

만약 단시간에 합의에 이를 수 있는 쟁점이라면 델파이를 하는 것은 물리적인 낭비일 수 있으므로 시작에 앞서 주의 깊게 고려해야 한다.

또한 전문가들의 의견 중 수용할 것과 그렇지 않은 것에 대한 연구자의 명확한 판단이 필요하다. 연구자는 델파이를 진행할 때 반드시 명확한 기준을 가지고 임해야 한다.

아울러 델파이에 참여하는 전문가들의 익명성은 반드시 보장되어야 한다. 익명성이 보장될 때 전문가들은 외적인 영향에서 벗어나 자유롭게 자신의 의견을 제시할 수 있기 때문이다.

▌에피소드

델파이에서 가장 중요한 것은 무엇보다 전문가들의 적극적인 참여와 다양한 의견 개진이다.

이를 위해 델파이에 참여하는 전문가들을 대상으로 연구하고자 하는 분야와 주제에 대한 충분한 사전 지식을 전달할 필요가 있다.

비슷한 단어라도 연구에서는 그 의미가 달라지는 경우가 많아서 이에 대한 전달이 충분하지 않으면 전문가에 따라 전혀 다르게 해석할 가능성이 커지기 때문이다.

이와 관련 전문가들이 충분히 이해했는지를 설문 전 반드시 확인하고, 필요하다면 유선이나 대면을 통해 전문가가 연구의 의도를 명확히 이해하도록 도와야 한다.

아울러 연구자는 2차 설문부터는 앞 단계의 설문 결과를 요약하여 전문가에게 별도로 제공하여 의견을 모두 반영하고 있음을 알리는 것이 좋다.

설문에 참여해본 사람이라면 누구나 내가 한 답변이 정말 의미 있게 사용되는 것인지에 대한 의구심을 가져봤을 것이다. 시간과 노력을 들여서 응답했던 설문이 제대로 쓰이지 않는다면 실망감도 클 것이고 연구자에 대한 부정적인 감정까지 생겨날 수 있다.

따라서 무엇보다 전문가의 의견이 모두 반영되고 있으며 결과가 어떻게 도출되었는지를 명확히 알려주어 이들의 참여 의지를 높일 필요가 있다.

이를 위해 연구자가 2차 설문부터는 앞서 진행된 설문 결과를 요약정리하여 전문가에게 전달한다면 보다 적극적인 참여를 기대해 볼 수 있을 것이다. 그리고 가능하다면 델파이를 진행할 때 연구자들은 전문가의 다양한 의견 개진과 적극적인 참여를 위해 기프티콘이나 소정의 선물을 주는 등의 전략을 사용하는 것도 좋다.

📖 참고문헌

강금만, 김민재, 송영수 (2020). 국내기업 적용을 위한 학습민첩성의 개념 정의와 구성요인에 관한 탐색적 연구. **경영교육연구, 35**(6), 163 – 187.

강용주 (2008). 델파이 기법의 이해와 적용사례. **수시과제보고서,** 1 – 17.

노승용 (2006). 델파이 기법(Dephi Technique): 전문적 통찰로 미래예측하기. **국토,** 53 – 62.

백평구, 이재영 (2021). 뉴노멀 시대 인적자원개발 분야의 변화와 인적자원개발 부서의 역할에 관한 델파이 연구. **인적자원개발연구, 24**(3), 195 – 220.

정인경, 최윤소 (2018). 수정 델파이 기법을 활용한 통합체육교육평가지표 개발 연구. **학습자중심교과교육연구, 18**(12), 367 – 384.

Buehler, R., Messervey, D., & Griffin, D. (2005). Collaborative planning and prediction: Does group discussion affect optimistic biases in time estimation? *Organizational Behavior and Human Decision Processes, 97*(1), 47–63.

Birdir, K. & Pearson, T. E. (2000). Research chefs'competencies: a Delphi approach. *International journal of contemporary hospitality management, 12*(3), 205 – 209.

Giannarou, L., & Zervas, E. (2014). Using Delphi technique to build consensus in practice. *International Journal of Business Science & Applied Management, 9*(2), 65 – 82.

Lawshe, C. H. (1975). A quantitative approach to content validity. *Personnel psychology, 28*(4), 563 – 575.

Levitin, D. (2006). *This is your brain on music: Understanding a human obsession*. Atlantic Books.

Murry, J., & Hammons, J. O. (1995). Delphi: A Versatile Methodology for Conducting Qualitative Research. *The Review of Higher Education, 18*(4), 423−436.

12

사례연구(Case Study Method)

▋ 개념

사례연구방법(case study method)은 실제 세계에서 발생한 단일 혹은 다중 사례를 연구하는 것으로써 현실 세계의 사건을 '사례'를 통해 복잡한 사회현상에 대한 이해와 답을 구하고자 하는 사회과학 연구방법의 하나이다.

사례연구방법의 핵심은 맥락(context)과 현상(phenomenon)이다. 사례연구란 특정 맥락에서 실제 발생했거나 일어나고 있는 단일 혹은 다수의 사례를 분석하는 것을 의미한다.

이 방법은 '왜'와 '어떻게'에 대한 답을 도출하여 아이디어와 전략을 수립하고 새로운 이론을 개발하거나 반복적 연구를 통해 결과에 대한 검증 및 평가 등 논의를 가능하게 한다. 따라서 이 방법은 업무현장과 사회과학연구 모두에 유연하게 활용된다.

한편 사례연구방법은 오해를 받는 경우가 몇 가지 있다. 우선 사례연구라고 하면 종종 하버드 비즈니스 스쿨의 케이스 스터디(case study)를 떠올린다는 것이다. 그런데 이는 경영사례를 분석하면서 학생들의 토론을 거쳐 문제 해결을 모색하는 경영 사례 중심 교육모델을 의미한다. 즉 이는 학생들의 다양한 관점과 토론에 의해 진행되는 교육모델이자 교수방법으로써 사례연구(case study)이고, 본 장에서 말하는 사례연구방법(case study method)은 구별되어야 한다.

다음으로 사례연구방법은 일반화와 증명이 불가능하기 때문에 제한적이고 다양한 목적에 활용이 어렵다는 오해를 받아왔다. 그러나 Yin(2003)과 같은 대표적인 사례연구가들은 사례연구방법의 분석방법 및 프로세스를 밝히면서 실험연구, 통계분석과 차별화된 장점과 특징을 제시하였다. 즉 분석적으로 일반화와 증명도 가능하기 때문에 이 방법은 보다 더 광범위한 목적과 분야에서 활용될 수 있다.

▌특징

사례연구방법은 다음과 같은 상황에서 유용하게 활용된다. 예를 들면, 연구대상의 현상과 맥락이 함께 다루어져야 하거나 분리될 수 없을 때, 단 한 개의 연구대상만 존재하거나 독립적이지만 다수의 연구 대상을 함께 분석해야 할 때, 인위적으로 통제할 수 없는 현상과 사건을 분석할 때, '왜' 혹은 '어떻게'라는 질문에 대한 답을 찾아야 할 때, 연구를 위한 전례나 이론이 충분하지 않을 때, 다루어야 할 주제가 광범위하고 현상이 고도로 복잡할 때와 정황, 즉 맥락이 중요할 때 등이다.

이를 통해 알 수 있는 사례연구방법의 장점은 실험이나 테스트가 용이하지 않은 경우에 실제적 현상을 파악할 수 있고 설문지를 활용한 통계적 방법보다 복잡한 사회 속 조직에 대해 맥락적으로 분석할 수 있다는 것이다.

실제로 사례연구방법은 이론과 전례가 없더라도 분석이 가능하며 평균적 사고에서 벗어나 맥락으로부터 아웃라이어를 발견할 수도 있다. 따라서 변수가 많고 복잡하며 불확실하고 모호한 현시대에 사례연구방법은 '블랙 스완(black swan)'과 같이 새롭고 가치 있는 시사점을 얻는 데에 유용하다.

이러한 이유로 이 방법은 지금까지 경영, 경제, 심리, 사회, 정치, 교육 등 복잡한 사례를 다루는 여러 분야에서 활용되어 왔다. 사례는 개인, 소규모 그룹, 집단, 조직행동, 관리 프로세스, 전략, 관계, 변화과정 및 결과, 그리고 성과 등 어느 분야에서든 복잡한 현상 모두 가능하다. 아울러 어떠한 단위로 분석하느냐에 따라 사례의 크기, 분석과정과 결과의 단면 및 규모가 달라진다.

사례연구방법의 분석 결과는 실제 현장의 요구와 연구 목적에 따라 현상의 탐색, 이론과 사례의 검증, 이론의 개발, 복잡한 사회 현상에 대한 새로운 시사점 도출 등으로 제시할 수 있다.

✎ 사례연구방법의 특징

- 현상과 맥락적 특성을 고려한 분석의 유용성
- 실제적 현상 파악과 복잡한 사회의 분석 가능
- 이론 및 전례의 유무, 평균적 사고에 구애받지 않는 유연성
- 아웃라이어의 발견 및 새로운 시사점 도출 가능
- 복잡한 사회 분야 영역 내 현상 모두 사례분석의 대상으로 가능
- 분석 단위에 따라 사례, 분석과정, 분석결과의 단면과 크기 차이 제시
- 다양한 목적에 따라 분석 결과 활용

▮ 수행절차

사례연구방법의 절차는 연구설계, 자료 수집 준비, 증거 수집, 자료 분석, 보고 작성의 5단계에 따라 진행된다.

전체적으로 진행되는 내용을 간단히 살펴보면 연구 주제와 목적에 맞게 사례연구의 상세 목표, 세부 유형과 전략을 정하고 사례를 선정한 후 측정 및 분석을 시행하는 것부터 시작해서 자료를 분석한 후 결과를 논의하고 전문가 혹은 실무자 대상으로 보고하는 것으로 마친다.

사례연구방법은 세부적인 연구설계, 절차 및 방법은 검증, 이론 개발, 실제 현상의 탐색 등 목적에 따라 조금씩 차이가 있으나, 사례연구 절차와 방법을 이해하면 목적에 맞추어 적용해 볼 수 있다.

본 장에서는 Yin(2014)의 방식에 따라 [그림 12-1]과 같이 단계별 세부 내용을 제시하였다.

▼ 그림 12-1 **사례연구방법 연구절차**

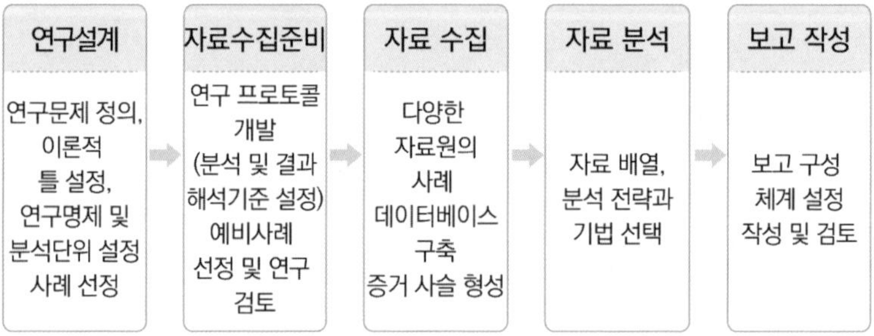

연구설계	자료수집준비	자료 수집	자료 분석	보고 작성
연구문제 정의, 이론적 틀 설정, 연구명제 및 분석단위 설정 사례 선정	연구 프로토콜 개발 (분석 및 결과 해석기준 설정) 예비사례 선정 및 연구 검토	다양한 자료원의 사례 데이터베이스 구축 증거 사슬 형성	자료 배열, 분석 전략과 기법 선택	보고 구성 체계 설정 작성 및 검토

1단계: 연구설계

연구설계는 자료수집을 준비하고 사례 모음과 분석이 전체 흐름과 계획을 가지고 일관성 있게 진행되도록 실행전략을 세우는 단계이다. 이 때 연구 문제가 무엇인지 정의한 후 통계분석에서의 가설(hypothesis)과 같은 역할을 하는 명제(proposition)를 만든다.

체계적인 사례분석을 위해서는 명제에 앞서 이론적 틀(theoretical

framework)을 제시해야 한다. 이론적 틀은 사례분석 시 이론적 관점에 따라 분석 혹은 평가 지표를 미리 설계단계에서 마련하는 것이기 때문에 사례를 분석하거나 검증할 때 이론적 틀에 따라 기존 개념의 통합·수정·기각·강화, 새로운 개념의 도출이 가능하다. 이 과정을 사례연구에서의 타당성을 높이는 분석적 일반화(analytic generalization)라고 일컫는다.

따라서 이론적 틀을 잘 활용하면 외적 타당성을 높이면서 의미있는 사례분석 결과를 도출하게 되므로 좋은 설계전략이 된다.

이론적 틀을 세웠다면 명제와 분석단위(unit of analysis)를 설정해야 한다. 명제란 연구 질문에 답하기 위해 검증되어야 하는 주장을 말하며 연구 문제와 이론적 틀에서 도출할 수 있다. 명제는 이후 단계에서 자료를 수집하게 되면 명제와 자료 간 논리적으로 연결되는지의 여러 분석 기법에 따라 검증하는 과정을 거친다.

분석단위는 사례를 무엇으로 보는가 하는 질문과도 같다. 이는 수집하고 분석하는 자료의 단위 규정과 범주로서 개인의 행동이나 조직에서 일어나는 현상이 사례가 될 수도 있으며 프로그램 혹은 신념이나 자원과 같은 특정 개념, 이해관계자의 요구와 관계, 조직의 변화를 사례로 규정할 수도 있다.

분석단위는 사례가 무엇인지를 정의하고 사례의 범위를 정해주는 것이기 때문에 초기 연구문제의 설정에 따라 달라진다. 예를 들어, '디지털 트랜스포메이션에서 우리 조직의 역할은 무엇인가?'를 주제로 할 때 연구문제를 DT에 대한 HRD 조직의 직접적 기여측면으로 보고자 한다면 분석단위는 디지털 스킬업 인재 양성 정책, 개별 프로그램 운영, 디지털 스킬업 개별 사례 등이 될 수 있다.

한편 연구문제를 DT 대응을 위한 향후 역할의 변화로 설정하는 경우라면 전체 조직의 DT 대응 현상과 전략, DT에 따른 사업변화

측면, 조직 내 부서 간 역할 변화, 자원활용 흐름 등을 사례 범위로 둘 수 있다. 즉 보고자 하는 문제의 측면에 따라 분석 단위인 사례 정의와 범주를 달리할 필요가 있다.

사례를 선정할 때에는 연구 주제에 대해 대표성을 지닌 사례와 카테고리별 사례를 먼저 선정해야 한다. 이후 극단값과 중간값을 지닌 사례, 극단적 사례, 전례가 없거나 일탈적인 사례를 선택하는 등 연구 주제에 적절하게 전략적으로 선택한다.

2단계: 자료 수집 준비

자료 수집 준비 단계에서는 자료수집 기준과 해석 지침에 해당하는 프로토콜 개발과 예비사례를 검토하여 프로토콜을 수정하고 확정을 짓는다.

연구에서 프로토콜이란 일종의 약속이자 규칙 체계를 의미한다. 그래서 연구개요, 자료수집 절차와 전략, 자료 수집을 위한 인터뷰 질문, 자료 데이터베이스 수집 체계, 보고기술 및 작성 지침을 모두 포함한다.

사례와 분석단위의 설정에 따라 적합한 자료를 찾기 위해서는 연구 개요를 먼저 작성하고 자료 수집 절차와 전략을 세운 후 구체적인 지침을 마련해야 한다. 특히 여러 명의 조사원이 있을 경우 면접자에 따라 잘못된 자료를 수집하는 상황이 발생하지 않도록 해야 한다. 이를 위해서는 자료 수집의 수준과 범위를 설정하고 인터뷰 내용을 설계하고 수집한 자료를 어떻게 분류할 것인지 등이 사전에 공유되도록 한다.

예비사례는 본사례 분석에 앞서 시행하는 파일럿 테스트와 같다. 예비사례를 준비하기 위해서는 자료조사 대상을 섭외하여 조사 협조 혹은 인터뷰를 요청해야 한다.

예비사례용으로 수집된 문헌 자료나 현장자료 그리고 인터뷰 자료를 통해 프로토콜을 검토한다. 이후 설정한 연구명제와 분석단위가 적합한지, 질문의 방향과 수준이 적절한지, 자료수집 전략과 방법이 부족하거나 잘못되지 않았는지 파악한 후 기대했던 자료를 얻는데 불충분하거나 의미가 퇴색된다면 앞서 설정들을 수정할 수 있다.

3단계: 자료 수집

자료 수집 단계는 다양한 자료원으로부터 사례를 모아 데이터베이스를 만드는 과정이다. 자료수집 시 구성타당성을 높일 수 있는 좋은 방법은 다양한 원천(source)을 활용하는 것과 증거사슬(chain of evidence)을 만드는 것이다.

우선 타당한 분석 결과를 도출하려면 있는 대로 사례를 모아 분석하기보다는 자료를 수집하는 원천을 다양하게 활용해야 한다. 여러 원천에서 얻은 자료들이 하나의 증거로 수렴되어 해석된다는 것은 결국 분석결과에 대한 타당성을 높여준다.

다음으로 증거사슬은 연구문제에서 시작하여 결론 도달에 이르기까지 중간 과정에서 수집된 자료를 분석하고 판단하는 데 누구나 이해하고 동의할 수 있도록 자료를 구성하고 연결시키는 것이다. 즉 사례로 활용되는 자료들은 명확하고 엄격하게 증거로서 추적 가능해야 한다.

4단계: 자료 분석

자료 분석 단계에서는 모아놓은 자료들에 대한 분석 전략과 방법을 사용한다. 분석 방법으로는 패턴 매칭, 설명, 경쟁설명, 시계열 분석, 논리모델, 사례통합분석 등 여러 가지가 가능하다.

패턴매칭은 자료 수집 전 예측했던 패턴과 실제 드러난 현상을 비교하는 명제검증 방식으로 사례연구에서 대표적인 분석방법이다. 설명은 현상에 대해 예측했던 인과요소를 밝히기 위한 목적으로 이유, 과정, 관계 등을 밝히는 데 사용되는 방법이다. 이는 초기 가설 혹은 진술을 제시한 후 분석결과와 비교하고, 이후 이 과정을 반복하면서 자료와 증거를 검토하면서 설명을 수정하게 된다.

경쟁설명은 분석 프레임을 경쟁모델로 하여 분석 과정에서 그 설명이 기각되면 연구질문에 대한 명제가 설득력과 타당성을 획득하는 방법이다. 시계열 분석은 단지 사건을 서술하거나 시간적 추세만 분석하는 것이 아니라 수집한 자료에 추적 지표를 설정하고 장시간 시간에 걸친 변화 추세 추적을 통해 잠재적 인과관계로 밝혀내는 방법이다.

논리모델은 사건의 시간적 경과 흐름을 경로로 표현하고 분석단계마다 결과 도출 과정을 연결하여 상황 변화를 확인할 수 있도록 하는 방법이다. 사례통합분석은 개별 사례연구들을 모아 새로운 결과를 도출하는 방법으로, 독립적인 자료 및 연구를 모아 상위 분석단위로 확장하는 것도 가능하다.

5단계: 보고 작성

보고 작성 단계에서는 앞서 프로토콜에서 설정한 결과 보고의 독자 및 보고서 구성 체계를 확인한 후 보고서를 작성하고 검토하는 과정을 거친다.

▌적용사례

이은애, 안지영 (2016). 사회적 기업의 인적자원관리시스템 유형화 사례 연구. 유라시아연구, 13(1), 255-273.

연구 설계 단계에서 이론적 틀은 설계를 강화하는 데 도움을 준다. 이를 위해서는 연구주제와 관련된 이론적 틀을 분명하게 해야 한다.

<표 12−1>을 보면 사회적 기업의 HRM 시스템 유형화 사례를 분석하기 위해 경영학자 Ouchi의 기업 이론에서의 경제학적, 조직역량 두 관점을 적용하였다. 경제학적 관점은 기업은 경제적 제도의 본질을 가지고 있어 가격 메커니즘으로 개인별 목적 추구를 통해 가치를 창출한다는 관점이며, 조직역량 관점은 사회적 제도로서 기업은 신뢰를 가지고 개인과 사회의 상호협력으로 공동 목적을 달성할 수 있다는 관점이다.

▌표 12-1 HRM 시스템 유형화 사례분석

Table 1. Comparative HRM practice based on two theory of firm

	Economic view	Organizational capability view
employment policy	• "buy" strategy based on transactional contracts • low job security	• "make" based on internal human resource development • high job security
job characteristics	• individual oriented job (evaluation) • authority-based job • high competition	• team and community based job evaluation • delegation and flexible job assignment • collaboration
control/social ownership	• congnition-based control • results-based control • shareholder	• asset-based control • control by implicit norm and behavior • stakeholders
compensation policy	• results-based reward, pay differentials • variable pay	• low pay differentials, collectivistic reward • fixed pay

Table 1 presents two competing theoretical views. According to the economic point of view, firms make employment contract through personal and transactional services utilizing definitive or authoritarian rule. They also conduct individual evaluation based on high-powered incentive. On the other hand, the

organizational capability perspective argue that businesses and individuals are seeking a joint performance of the contract and entered into a relationship which is co-owned by the various interested parties.
출처: 이은애, 안지영 (2016). 사회적 기업의 인적자원관리시스템 유형화 사례 연구.

Table 7. Comparative scoring- HRM policies

HRM policies		A	B	C	D	E	F
employment policy	outside acquisition-internal development	O3/ O3	E2/ E2	O3/ O3	O3/ O3	O3/ O3	E1/ O1
	job security weak vs. strong						
job charateristics	individual-based vs. organization-based	O3/ E2	E3/ E3	O3/ E3	O3/ O3	O2/ E2	O1/ E2
	task components definitive vs. emergent						
control	results-oriented vs. behavior-oriented	O3/ E1/ O1	E1/ E1/ E3	O3/ E3/ E2	O3/ O3/ O3	O2/ O1/ O1	O1/ O1/ O1
	regulation vs. norms						
	employee participation limited vs. allowed						
compensation and reward	individual performance vs. organizational performance	O2/ O3/ O3	E1/ O1/ E2	O2/ O3/ O1	O2/ O3/ E1	O2/ O3	E1/ O1/ E3
	dividends allowed vs. prohibited						
	incentive intense vs. weak						
Overall		48 (O21 /E3)	21 (O1/ E18)	47 (O18 /E8)	54 (O26 /E1)	40 (O15 /E2)	34 (O9/ E4)

Table 7 presents differences in the HRM policies for 6 social enterprises in our case study. The results show that a large variation exists in implementing two competing dominant logics between economic and organizational capability views.
출처: 이은애, 안지영 (2016). 사회적 기업의 인적자원관리시스템 유형화 사례 연구.

이를 살펴보면 <표 12-1>과 같이 이론적 틀을 먼저 제시한 후, 수집한 사례의 자료들을 분석하고 평가할 수 있도록 평가항목표를 제시하여 점수화하고 아래 [그림 12-2]와 같이 결과를 구간으로 표시하였다.

▼ 그림 12-2 **연구결과**

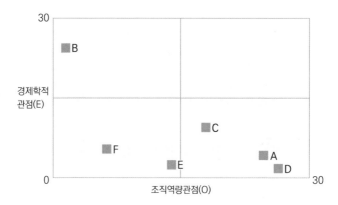

출처: 이은애, 안지영 (2016). 사회적 기업의 인적자원관리시스템 유형화 사례 연구.

이관홍, 이석원 (2016). 게임 이론적 접근을 통한 효과적인 원원 요구사항 협상 기법. 정보과학회논문지, 43(8), 857-868.

사례연구에서 명제는 연구문제 즉, 질문으로부터 도출되며 이에 답을 하기 위해 자료를 수집하고 분석방법을 수행하도록 하는 일종의 주장이다. 명제를 잘 설계하여 사례연구 결론이 분석적 일반화에 이르도록 해야 한다. 이를 위해서는 명제에 수집한 자료를 논리적으로 연결하는 것이 관건이며 명제의 답을 얻기 위해 분석 방법을 적절하게 활용할 수 있도록 염두에 두어야 한다.

다음 적용 사례에서는 연구 질문에 답하기 위한 일반 명제와 세부 명제를 제시하였다.

일반 명제(General Proposition)

제안하는 방법은 이해관계자들의 실제적인 이해기반 행동을 반영하여 요구사항 충돌을 해결 및 관리할 수 있도록 한다.

세부 명제(Specific Proposition)

SP.1.1 제안하는 방법은 이해관계자가 요구사항 충돌에 대하여 논의하기 위해서, 같은 수준 및 동일한 형태의 요구사항으로 정의 및 명세에 도움을 준다.

SP.1.2 제안하는 방법은 이해관계자가 요구사항과 연관하여 각자의 이해를 표현할 수 있도록 하여 협상 의사소통에 도움을 주고 협력을 유도한다.

SP.2.1 게임 이론 개념을 이용하여 요구사항 충돌 상황에 대하여 이해관계자의 관점을 반영한 이해들을 최대한 만족시키는 선택을 효과적으로 파악하여 협상에 도움을 준다.

SP.2.2 제안 방법은 요구사항에 대한 의도와 이해를 명시적으로 구조화하고 게임으로 구성하였으므로 합의된 요구사항 선택에 대한 근거와 추적성을 제공할 수 있다.

출처: 이관홍, 이석원 (2016). 게임 이론적 접근을 통한 효과적인 원원 요구사항 협상 기법.

또한 분석단위는 명제를 분석할 수 있도록 수집하는 자료의 단위 설정으로써 위 명제에 대해 필요한 자료를 수집할 수 있도록 <표 12-2>와 같이 분석단위를 설정하였다.

▍표 12-2 제안 방법의 단계별 수집 증거

Code	Unit of analysis
SP.1.1	1. # The number of derived strategies for feature 2. The suitability of requirements chain to negotiate
SP.1.2	1. The validity of representation of interests with value 2. The validity of qualitative evaluation by requirements engineer
SP.2.1	1. The efficiency of negotiation process 2. # The number of round for a game 3. The validity of game model
SP.2.2	1. Existence of link between interests and product goal 2. The traceability of the decision of stakeholder in a game

출처: 이관홍, 이석원 (2016). 게임 이론적 접근을 통한 효과적인 원원 요구사항 협상 기법.

Pervan, G., Maimbo, H. (2005). Designing a case study protocol for application in IS research, *The Ninth Pacific Conference on Information Systems*. pp. 1281-1292. Sage.
Yin, R. K. (2014). *Case study research design and methods* (5th ed.). Sage.

자료 수집 준비 단계 중 프로토콜의 개발은 연구의 실행 지침이자 가이드라인이다. <표 12-3>에서는 프로토콜에 포함되어야 하는 항목들을 살펴볼 수 있는데 크게 연구의 개요, 자료 수집과 사례 후보 선정 절차, 준비사항, 자료 수집 시 질문사항, 보고서 작성 지침 등으로 구성된다.

▍표 12-3 프로토콜 포함 항목

구분	내용
연구 개요	연구의 목적, 연구질문 가설, 명제, 이론적 틀 사례 분석 방법 프로토콜의 역할

구분	내용
자료 수집 절차	• 사례 선정, 사례의 수, 조사대상 섭외 계획 • 현장조사 일정 수립 • 자료 수집계획: 조사하려는 사건 사례, 인터뷰 대상자 역할, 조사자료 유형 등 기술 • 현장조사 전 준비: 검토 사항, 필요 정보 및 장비 준비
조사 도구	• 정량: 개방형 질문 혹은 폐쇄형 질문을 활용한 인터뷰 가이드 • 정성: 면대면 인터뷰에 적용할 설문도구

자료수집 시 질문	(예시: 새로운 법 시행 사례연구)
	• 새로운 법 시행에 대한 내용과 혁신성
	  − 새로운 법의 세부 내용
	  − 시행 제안까지의 과정과 노력
	  − 시행을 위한 아이디어의 시작점
	  − 계획과 수행 경과
	  − 새로운 법 시행의 근본 목적과 대상
	  − 다른 법에 비해 혁신적일 수 있는 이유
	  − 예산 지원 주체
	• 혁신성에 대한 평가
	  − 평가의 설계, 평가자
	  − 평가 부문
	  − 평가 측정 방법과 결과
	  − 법 시행 결과와 예산 투자 간 인과관계에 대한 경쟁설명 수립

자료 분석 가이드	• 자료 분석 프로세스의 개요
	• 세부 정보
	  − 다양한 출처의 데이터 수렴 방법
	  − 여러 참여자 관점의 다원화
	• 사례 내 분석 프로세스 기술
	  − 기술적 데이터
	  − 설명적 데이터
	  − 개별 사례 보고
	• 사례 간 분석 프로세스 설명
	• 섹터 간 분석 프로세스 설명
	• 데이터 베이스 수집 및 분류 체계
	  − 주요 데이터 유형, 출처, 목적 요약
	  − 보조 데이터 유형, 출처, 목적 요약
	• 분석에 사용될 데이터 표시 설명
	• 코드 목록

보고 작성 지침	• 보고 대상 확인 및 보고 스타일 기술 • 보고서 작성 구성 및 목차 작성

출처: Pervan, G., Maimbo, H. (2005). Yin, R. K. (2014)에서 재구성.

자료분석 단계에는 연구 설계와 수집된 자료에 맞추어 다양한 분석방법을 적절하게 활용할 수 있다. 적용사례로는 사례연구방법의 대표적인 분석방법인 패턴매칭과 경쟁설명 두 가지를 차례대로 설명하고자 한다.

장우정, 송지희, 임희종, 라대식 (2017). ICT 시대의 고객-기업 간 가치 공동 창출: Co-creation 다중 사례 분석. **정보통신정책연구**, 24(1), 75-103.

패턴 매칭의 경우 관찰한 패턴인 현상과 기대한 패턴 모델의 일치 여부를 비교하는 것으로 다음 적용 사례에서는 Co−Creation의 두 가지 유형을 제시하고, 실제 6개 사례에서 나타난 현상이 이와 유사한 패턴을 보이는지 비교 분석하였다. 분석 결과로는 사례별로 Co−Creation 유형별 해당 요소의 수준을 제시했고 유형별 전략 요소가 어느 사례에서 나타나는지 파악하여 이에 해당하는 요소의 가치를 높이도록 향후 전략적으로 대응할 수 있다는 결론을 제시하였다.

▼ 그림 12-3 **Co-creation의 두 가지 종류**

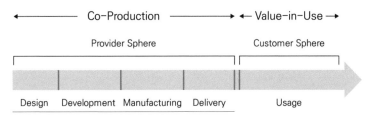

출처: 장우정 외 (2017). ICT 시대의 고객-기업 간 가치 공동 창출: Co-creation 다중 사례 분석.

▼ 그림 12-4 Co-creation 사례들

출처: 장우정 외 (2017). ICT 시대의 고객-기업 간 가치 공동 창출: Co-creation 다중 사례 분석.

┃표 12-4 Co-creation 개념적 핵심요소에 따른 사례 분석

사례	Co-production		
	지식	동등	상호작용
MyStarbucksIdea.com	중	중	상
Threadless.com	중/상	중/상	상
Quirky.com	상	상	상

사례	Value-in-use		
	경험	개인화	관계
Sum of all thrills	중/상	상	하
APT CB2	중	하	상
American Girl	상	중	상

출처: 장우정 외 (2017). ICT 시대의 고객-기업 간 가치 공동 창출: Co-creation 다중 사례 분석.

■ 표 12-5 **개념적 핵심요소별 전략 및 예시**

핵심요소		전략	예시
Co-production	지식	• 고객이 공유하는 지식에 제한 두지 않기 • 니즈 관련 지식뿐만 아니라 솔루션 관련 지식도 공유할 수 있도록 촉진	Quirky.com
	동등	• 지식 공유뿐만 아니라 기업에 적용할 지식의 "선택"도 고객에게 권한 부여 • Co-creator인 고객의 역할을 적절히 보상	Threadless.com, Quirky.com
	상호 작용	• 고객-기업, 고객-고객 간 지속적인 대화를 위한 공간 제공 • 상호작용 자체에서 기쁨을 느낄 수 있는 환경 제공	MyStarbucksIdea .com
Value-in-use	경험	• 고객이 제품(서비스)과 나만의 기억과 경험을 창조할 수 있는 다양한 기회 제공	American Girl
	개인화	• 개인화를 돕는 쉬운 툴 제공 • 고객지향성을 바탕으로 개인의 서로 다른 취향을 만족시키려는 문화를 강조	Sum of All Thrills
	관계	• 기업-고객 간 최초 관계를 형성할 수 있는 장을 제공 • 지속적인 관계가 유지될 수 있도록 고객 간 그룹, 커뮤니티를 지원	APT CB2

출처: 장우정 외 (2017). ICT 시대의 고객-기업 간 가치 공동 창출: Co-creation 다중 사례 분석.

Allison, G. T., & Zelikow, P. (2005). **결정의 엣센스: 쿠바 미사일 사태와 세계 핵전쟁의 위기.** (김태현 역). 모음북스. (원저 1999년 출판)

사례연구에서 또 다른 주요 분석방법인 경쟁설명은 제시한 연구 모델(혹은 이론이나 명제)에 대한 반증 가능성이 있는지 밝혀내는 것이 다. 제시한 설명방식이 기존보다 더 설명력을 보이는지 혹은 여러 설명 방식을 제시하고 어떤 것이 설득적인지 경쟁설명을 정의하고 검증하는 방법이다. 적용하는 방식과 유형은 매우 다양한데 경쟁가설을 만들 듯 경쟁명제를 만들거나 자료 분석에서 경쟁적 틀을 세울 수 있다. 혹은 대안적 사례를 제시하기도 한다.

경쟁설명을 활용한 대표적인 사례는 쿠바 미사일 위기에 대한 단일사례 연구이다. 해당 사례분석에서는 하나의 사례에 대해 자료들을 모아 3개의 서로 다른 이론모델을 통해 세 번의 분석을 수행했다. 핵전쟁의 위기를 발생시킨 쿠바 미사일 사건이 어떻게 전개되었는지 설명하기 위해 경제학 기반의 합리적 행위자 모델, 경영학 기반의 관료주의 모델, 연구자가 처음 제시한 내부 정치 행위 협상가 모델 세 가지를 제시했는데 기존에 전면적으로 받아들여졌던 경제적 논리 외에 관료집단 간의 파워게임이 의사결정의 중요한 역할을 한다는 것을 새롭게 인식시켰다.

▌타 연구방법과의 혼용방법

사례연구방법은 단일 사례를 분석하거나 다중 사례를 분석할 때 단일 혹은 다중 분석 단위를 사용하여 분석이 이루어진다. 조합에 따라 단일 사례 다중 분석단위, 다중 사례 단일 분석단위와 같이 다양한 연구설계가 가능하며 이에 따라 연구의 규모와 범위를 크게 확장하거나 작게 진행할 수 있다.

이처럼 연구설계와 규모에 따라 사례연구를 수행할 때 분석 시행 과정에서 타 연구방법을 적절하게 혼용하게 된다. 그리고 수집해야 할 자료와 분석단위 설정에 따라서도 타 연구방법이 병행될 수 있으며 자료 수집을 위해서 심층면접, 설문 등도 종종 혼용된다.

▌주의사항

사례연구방법에도 자료 수집 시 정량적 증거를 반영할 수 있다. 일부 연구자들은 사례 연구를 정성적 연구방법으로 간주했으나 이로 인해 사례 연구에는 텍스트 형태의 자료만 분석가능하거나 주관적인 가치를 담아 해석해내는 것으로 오해하기도 한다. 하지만 사례분석의 대상은 정량적·정성적 자료 모두 가능하므로 양적·질적 분석 방법에 제한을 두지 않고 연구자의 설계에 따라 적용할 수 있다.

또한 사례연구방법에서 예비사례 조사와 분석을 하지 않고 넘어가는 경우가 있다. 실제 연구에는 드러나지 않기 때문에 연구절차를 간소화하여 급하게 진행하기 쉽지만, 예비사례는 연구설계가 제대로 구성되었고 수행절차가 제대로 준비되었는지를 파악할 수 있는 소중한 기회이다. 이때 프로토콜의 검토가 가능하며 심지어 연구질문과 명제에 오류가 있을 경우 수정할 수 있으므로 예비사례를 조사하고 분석할 시간을 확보하는 것이 좋다.

아울러 연구설계에서부터 자료 수집, 분석에 이르는 전체 과정에서 타당하고 신뢰로운 연구결과가 도출되도록 가능한 방법들을 적용해 볼 필요가 있다. 연구설계 단계에서는 사례연구방법의 일반화가 가능하다. 즉 외적 타당성은 이론적 틀을 제시한 단일·다중사례나 반복연구논리를 적용한 다중사례 연구를 통해 획득할 수 있다. 자료 수집 단계에서 구성 타당성, 즉 연구하려는 개념을 정확하게 측정했는지 여부는 다양한 자료원을 활용하고 증거사슬을 만들면 된다. 또한 신뢰성은 자료수집 단계에서 프로토콜 활용과 데이터 베이스 개발을 통해 가능하다. 자료 분석 단계에서는 패턴 매칭, 경쟁가설 설정, 논리모델 설정 등의 방법을 통해 내적 타당성을 획득할 수 있다. 사례연구에서 얻은 결과의 가치를 높일 수 있도록 연구자는 이러한 방법을 잘 숙지하여 설계하고 적용할 필요가 있다.

▌에피소드

사례연구방법은 사람들로부터 오해를 쉽게 받곤 한다. 주로 받는 질문은 '이 케이스 스터디 방법이 연구방법으로써 적절한가?', '일반화가 불가능하지 않은가?'이며, 더 나아가 '무슨 효용가치가 있는가?'라는 의구심을 얻기도 한다.

연구를 진행하고자 할 때, 연구방법으로서 합당한지 질문을 받았을 때, 연구자는 충분하게 상대방을 설득할 수 있어야 한다. 첫째, 질문에 대해서는 사례연구방법이 비즈니스 경영스쿨의 케이스 스터디와 차이가 있음을 설명할 수 있어야 한다. 전자는 연구방법으로서 분석틀과 다양한 분석 방법을 가지고 있으며 의미 있는 결론을 도출하는 것이다. 후자는 사례를 통해 문제와 쟁점을 토론 선상에 놓고 다양한 관점을 논의하고 가능성을 발굴하는 교육방법이다. 물론 이 경우에도 의미 있는 결론을 도출하는 것은 가능하며 이론을 차용할 수도 있다는 점에서는 유사하게 볼 수 있다. 다만 목적이 다르며 진행 과정상으로도 열린 시각과 오픈된 솔루션으로 가능성을 발굴하려는 점이 케이스 스터디의 두드러진 특징이다.

두 번째 질문인 '일반화가 불가능하지 않은가?'는 단 한 개의 사례 혹은 몇 개의 사례로 일반화가 안 될 것이라는 관점을 가진 양적 연구자의 선입견에서 비롯된다. 사례연구에서는 수백 개의 데이터를 통한 정규 분포 혹은 평균 도출 중심의 사고에 따른 일반화가 아니라, 자료와 분석 간 일반화, 연구설계 등의 다양한 방식으로 일반화에 도달할 수 있다. 연구자는 정확하게 일반화 방법을 설명할 수 있어야 하고 실제 연구에 적용해야 한다. 사례연구 방법으로서의 효용가치도 여기에서 함께 획득할 수 있다. '누구나'에게 적용하려는 '평균'의 발견이 아니라, 복잡한 사회와 조직 맥락에서 새로운 가치를 지닌 '특이점'을 발견할 수 있는 것이 그 예이다.

　사례연구방법은 연구자의 설계 능력이 성패를 좌우한다. 몇몇 사례로부터 독특하고 유의미한 결론을 도출할 수 있는 연구, 가치있고 타당한 연구로 받아들여질 수 있는 연구를 설계하는 것은 생각보다 많은 준비와 사례연구방법에 대한 이해가 필요하다. 기존의 사례연구들을 많이 접해보면서 설계역량을 높일 수 있으므로 차근차근 선행 연구들을 찾아볼 것을 추천한다.

　또한 좋은 사례 분석을 위해서는 연구 설계에 적합한 사례를 찾아내고 필요하다면 관련 사례를 조사할 수 있도록 적합한 대상을 섭외할 수 있어야 한다. 섭외된 이후에는 사례연구를 진행하면서 설계했던 요소들과 잘 맞아 떨어지거나 혹은 의외의 결론을 얻게 되었을 때에도 연구자로서 짜릿하고 의미 있는 경험을 할 수 있다.

📖 참고문헌

박아름, 진동수, 이경전 (2011). Product−Service System (PSS) 성공과 실패요인에 관한 탐색적 사례연구. **지능정보연구, 17**(4), 255−277.

이관홍, 이석원 (2016). 게임 이론적 접근을 통한 효과적인 윈윈 요구사항 협상 기법. **정보과학회논문지, 43**(8), 857−868.

이은애, 안지영 (2016). 사회적 기업의 인적자원관리시스템 유형화 사례 연구. **유라시아연구, 13**(1), 255−273.

장우정, 송지희, 임희종, 라대식 (2017). ICT 시대의 고객−기업 간 가치 공동 창출: Co−creation 다중 사례 분석. **정보통신정책연구, 24**(1), 75−103.

Allison, G. T., & Zelikow, P. (2005). **결정의 엣센스: 쿠바 미사일 사태와 세계핵전쟁의 위기.** (김태현 역). 모음북스. (원저 1999년 출판)

Dul, J., & Hak, T. (2007). *Case study methodology in business research.* Routledge.

Pervan, G., Maimbo, H. (2005). *Designing a case study protocol for application in IS research.* The Ninth Pacific Conference on Information Systems. pp. 1281-1292. Sage.

Yin, R. K. (2014). *Case study research design and methods* (5th ed.). Sage.

13

내용분석(Contents Analysis)

▌개념

내용분석(contents analysis)은 수집한 자료들로부터 맥락에 따라 어떤 특징, 관계, 패턴 및 범주를 밝히기 위해 타당한 추론을 이끌어 내는 연구방법이다. 분석 초기에는 정보의 표면적인 내용(manifest content)을 객관적이며 정량적으로 분석하는 방법으로 다루어졌으나 점차 텍스트 외에 그림, 영상미디어까지 적용되어 현재는 잠재적 내용(latent content)에 대한 질적 분석으로도 다양하게 쓰이고 있다.

내용분석은 역사적으로 종교적 문헌의 해석으로부터 시작된 후 1800년대 후반 신문기사 분석으로 활발하게 이어져 각종 대중 매체 분석으로 확대되었다. 이후 제2차 세계대전에서의 프로파간다 내용 분석을 하면서 정치적, 군사적 전략 수립에도 활용할 수 있는 분석방법으로 인식되었다.

내용분석은 기호화된 자료를 다룰 때 분석방법의 제약이나 비용의 문제가 있던 기존 연구방법과 달리, 정형화된 체계를 만들어 추론을 통해 분석해낼 수 있는 방법이다. 즉 방대한 자료를 비교적 수월하게 체계적인 형태로 훑어낼 수 있기 때문에 많은 양의 자료에서는 발견할 수 없었던 시사점을 찾아내는 데 유용하다.

일상적으로 접하게 되는 많은 정보와 자료는 상당수가 텍스트 형태로 이루어져 있다. 따라서 연구와 업무에서 이러한 자료를 기본적으로 분석해야 할 때 체계적으로 내용분석을 할 수 있게 된다면 보다 다양한 목적과 용도로 활용할 수 있다. 그리고 내용분석을 통해서 범주 분류, 빈도, 관계, 패턴과 특징, 의견과 트렌드 변화 등을 통해 체계적으로 지식과 사실에 접근할 수 있다.

이와 함께 내용분석은 현상과 개념에 대한 규칙을 발견하여 이론을 도출하고 타당한 추론을 거쳐 가설을 검증하거나 혹은 일상의 업무에서 자료 분석 결과로써 실제 문제를 해결하는 답을 구하는 데에도 활용이 가능하다.

▌특징

내용분석은 분석대상인 자료의 특성으로 인해 자료의 양, 가치, 활용도가 높은 장점이 있다. 반면 과학적 분석의 엄격함이라는 기준에 분석방법과 도구로서 종종 제대로 인정받지 못하는 경우도 있다.

이와 관련된 연구방법으로서 신뢰도와 타당도를 획득하기 위한 여러 도구를 고안하고 분석절차를 수립하게 되었으며 내용분석의 다음 특징들이 나타난다.

내용분석은 주로 문헌, 대화 내용 등을 텍스트화하여 분석하기 때문에 모호성과 주관성을 내포한다는 특징이 있다. 분석대상인 자료들은 다수의 텍스트 문헌을 포함한다. 그리고 내용분석의 대상은 맥락과 가치를 담은 일종의 상징체계를 분석하는 것이기 때문에 다양하게 해석할 가능성도 있다.

분석방법은 특징, 관계, 패턴, 범주를 밝히는 과정에서 양적 혹은 질적 분석을 활용할 수 있다. 양적 내용분석의 경우, 같은 범주에 해당하는 것을 숫자화하여 관계를 파악하는 방법과 같이 상징적 자료를 객관적이고 반복가능하게 조작화하여 분석결과를 전달할 수 있다는 점이 장점이다. 질적 내용분석은 텍스트나 그림 등 자료 내 숨어있는 잠재적 의미를 발견하게 하는 특징이 있다.

이러한 자료 분석 시에는 기존 자료를 활용하는 경우가 많아 자료 접근이 대체로 용이한 편이며 문헌에 대한 반복적인 재검토가 가능하다. 그리고 이미 기록된 형태의 자료를 분석하게 되므로 피검자 혹은 피조사자의 영향을 받지 않는다. 이와 함께 축적된 자료를 검토할 수 있기 때문에 장기적 관점에서의 분석이 가능하다는 특징도 있다.

이와 같이 내용분석은 맥락적이고 가치의존적인 상징체계를 분석해야 한다는 특성이 있어 연구자들은 분석의 질을 높이기 위해 체계적이고 객관적인 추론방법과 프로세스를 따라 분석하여 결과의 신뢰성과 타당성을 높여야 한다.

한편 내용분석은 방법의 활용과 응용도가 높다. 실제로 분석의 목적에 따라 다양하게 응용이 가능하기 때문에 이미 다양한 연구에서 활발하게 널리 사용되고 있다.

예를 들면, 어떤 연구의 앞 단계에서 밑자료들을 훑어내어 내용을 기술하는 데 활용하거나 분석을 거쳐 특정 의견을 도출할 때 활용할 뿐 아니라 독립적인 핵심 연구방법으로서 이론에서 파생된 가설을 검증하는 데에도 사용하기도 한다.

더욱이 무엇보다 분석의 틀을 제시하고 단계별 분석 프로세스를 거치면서 이전의 원데이터(raw data)에서는 보지 못했던 유용한 인사이트를 도출하게 되므로, 여론 조사, 문헌자료 분석 그리고 미션·역량·전략 도출 등 실무에서도 다양하게 응용할 수 있다.

• 내용분석의 대상은 주로 상징체계이므로 모호성과 주관성을 지님
• 양적, 질적 분석으로 상징적 자료의 객관성, 체계성, 반복가능성 및 잠재적 의미 도출
• 자료 접근 및 검토에서 재검토와 장기적 관점의 분석 가능
• 객관적, 체계적으로 추론하기 위한 분석 기법과 프로세스 적용
• 전체 연구의 핵심 연구방법 혹은 특정 연구의 부분으로서 다양하게 사용
• 기술, 의견 도출, 가설 검증, 근거 활용 및 실무에서 응용

▌수행절차

내용분석은 [그림 13–1]에서 보는 바와 같이 크게 개념화–설계–수집 및 분석으로 이루어진다. 이는 연구 목적과 문제를 확인한 후 연구에 포함될 자료를 분석하거나 변수를 측정할 수 있도록 설계하고 자료 수집 및 분석 절차를 따른다는 것을 의미한다.

내용분석의 연구절차는 연구자마다 여러 단계로 구분되지만 대체로 연구문제를 도출한 후 분석 샘플을 선정하고 범주를 정한 후 정해진 코딩 분류기준에 따라 코딩하여 신뢰도 검증과 결과 도출을 진행하는 절차로 이루어진다.

▼ 그림 13-1 **내용분석 연구절차**

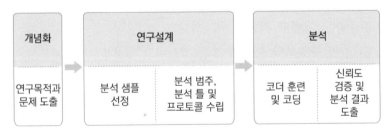

1단계: 연구 목적 및 문제 도출(개념화)

우선 내용분석을 하려면 텍스트 본문과 같은 데이터와 연구자가 조사하고자 하는 연구 질문 그리고 텍스트를 이해하기 위한 분석 맥락과 구조 및 분석 결과를 도출할 수 있는 추론과 정당화 근거가 필요하다.

내용분석에서는 연구 시행 전 목적과 설계의 검토가 연구의 성패를 가른다. 즉 수많은 의미와 해석을 담고 있는 자료를 분석하기 위해 분석을 어떻게 해야 할지가 중요하다.

그리고 설계에 앞서서는 어떤 목적과 기능을 위해 이러한 분석을 해야 하는지 연구문제와 목적을 먼저 정의내려야 한다. 그렇지 않고서는 분석의 기준과 방법이 명확하지 않게 되어 체계적인 의미 해석과 추론으로부터 유의미한 분석결과를 도출하기 어렵다.

따라서 첫 단계인 개념화 단계에서는 이전의 연구나 조사결과를 검토하여 연구목적과 문제를 도출하고 새로운 이슈에 대해 문제의 방향성과 가설을 세우게 된다.

예를 들어, 지금까지의 회사 내 모든 문헌자료를 모아 비전을 도출하고자 한다면 향후 비전 수립에 도움이 될 수 있는 자료에 초점을 맞추어 이후 단계에서 연구 샘플과 범주를 정할 수 있도록 함으로써 신뢰할 수 있고 효율적인 분석이 이루어지도록 해야 한다.

2단계: 연구설계

연구 설계단계에서는 연구의 각 단계에서 연구자가 할 일을 정리하는 것이다. 이는 일종의 연구계획이자 가이드라인이 되어 연구설계 시 필요한 자료를 구성하도록 개요를 작성하게 된다.

연구 설계 시 고려해야 할 사항은 분석 샘플을 우선 선정하고 분석 프레임워크를 만들어 어디까지 분석해야 하는 것인지 범주를 정하는 것이다.

분석 대상인 샘플 선정 시에는 어떠한 내용 단위(content units)로 추출하여 분석할 것인가를 고려하여 선택해야 한다. 여기에서 분석 단위란 연구의 대상이 될 수 있는 것들을 일컫는다. 따라서 단위를 어떤 것으로 정하느냐에 따라 그 대상은 어떠한 문장이나 단어가 될 수도 있고 인물이 될 수도 있으며 시간과 공간이거나 또는 주제나 명제 등의 구조가 될 수도 있다. 예를 들어, 특정 주제에 대한 분석이라면 주제 분석을 하게 되는 것이다.

다음으로 분석 범주와 프레임워크가 필요하다. 이는 연구자가 분석 샘플로서 내용 단위를 결정한 후, 이 단위를 '어떻게' 구분할지에 대해 정하는 것을 말한다.

각 단위들은 겹치는 부분 없이 MECE5)하게 구분되도록 범주와 프레임워크를 짜야 한다. 이 과정은 내용 분석의 결과가 측정가능하도록 하는 과정에서 가장 핵심적인 부분이기 때문에 범주를 명확화하도록 프레임워크를 제시할 필요가 있다.

<표 13-1>을 보면, 분석 대상인 내용(영역)단위는 '주제', '연구방법', '이론판단', '이론활용 수준'이다. 그리고 '주제' 영역에서 이를 분석과 측정 가능하게 범주화한 것은 교육훈련, 조직개발, 경력개발, 국가·지역·글로벌HRD, HRD자체, 그리고 기타라고 할 수 있다.

이와 같은 범주에 대한 분류체계는 연구의 목적을 반영하고 상호배타적이면서 누락이 없어야 하며 독립적이면서 단일 분류 원칙에 따라야 한다.

---

5) 상호배제와 전체포괄: Mutually Exclusive Collectively Exhaustive의 약자. 각 항목들이 상호배타적이면서 모였을 때에는 완전히 전체를 이룸.

영역	구분	내용
주제	교육훈련	역량, 리더십개발, 이러닝·스마트러닝, 학습전이, 기타 교육훈련
	조직개발	인간과정 개입, 기술구조적 개입, 인적자원관리 개입, 전략적 변화 개입과 성과관리
	경력개발	개인차원과 조직차원
	국가, 지역, 글로벌 HRD	제도 및 정책연구를 포함한 국가, 지역, 글로벌 HRD
	HRD 자체	HRD 자체의 개념, 정체성, 위치, 수준 탐색
	기타	위 분류에 포함되지 않은 나머지

* 장환영 외(2013) 구분을 기준으로 이를 보완하여 사용함

영역	구분	내용
연구 방법	양적	설문조사, 패널데이터, 델파이기법, 실험연구, 빈도수 중심의 양적 내용분석, 네트워크 분석
	질적	관찰연구, BEI, 중요사건면접 등 면담법, 질적 내용분석, 내러티브, 근거이론, 현상학적 연구, 질적 사례연구 등
	이론적	기존 연구 개관하는 문헌연구, 선행연구 고찰, 새로운 이론개발/정립 연구
	실천적	역량모델링 및 측정도구, 문항개발 연구, 프로그램 개발과 교육과정 개발, 프로그램 효과 분석

* 장환영 외(2013), 유기웅(2014) 구분을 기준으로 이를 보완하여 사용함

영역	구분	내용
이론 판단	1차 범주	이론, 모형, 개념, 틀, 체계, 기반, 축, 토대 등 단어 사용하여 접근
	2차 범주	1차 범주 중 • 이론으로 취급하지 않고 단순 개념으로 인용/제시 제외 • 개념 중 개념적 모형이 아닌 단순 단어로 사용 제외 • 근거 중 근거이론과 같이 질적연구 방법 지칭 제외 • 일반 고유명사처럼 사용된 패러다임, 원칙 규칙과 타 연구자에게 인정받지 못한 자기인용 연구결과 제외 • 도구적 성격이 강한 통계기법, 지표, 공식, 척도 제외 (단, 개발 연구를 위한 이론적 틀로 사용한 경우 채택)

* 김성진(2015), 정동열, 김성진(2003)에서 제시된 가이드라인에 따름

영역	구분	내용
이론 활용 수준	단순언급 (spot citing)	• 논문의 이론적 배경, 선행연구에서 한두 단어로 간단히 소개되는 수준 • 참고문헌의 인용이 없거나 설명 없이 연구자만 언급
	배경연구 (background review)	• 이론의 핵심적 내용만 간략히 소개하는 일반적인 활용 수준 • 한두 문장으로 소개되고 이론의 출처인 원 문헌 인용
	이론검토 (theory discussion)	• 특정 주제에 대한 여러 이론들을 소개 및 비교 분석하는 수준 으로 상세히 설명
	이론응용 (theory application)	• 이론이 연구 설계의 중요한 개념적 기반으로 직접 적용 • 연구방법 및 결과 해석에 핵심적 역할 하는 수준
	분석평가 (analytical evaluation)	• 특정 이론이 연구 전반에 있어 분석 평가되는 수준 • 이론을 재해석하거나 새로운 관점으로 적용

출처: 윤선경, 정보영, 차미리, 송영수 (2017)

분석 프레임워크는 이러한 단위와 범주 그리고 내용을 범주화하는 데 사용되는 지침인 내용 분석 프로토콜을 포함한다. 이것이 완성되면 샘플 추출을 위한 코딩을 할 수 있다.

프로토콜은 곧 코딩 단계에서의 지침으로 활용되기 때문에 연구에 적합한 단위의 구분과 범주에 따라 측정할 수 있도록 측정 수준과 척도를 검토하여 필요 시 조정하는 것이 좋다. 만약 단위에 숫자를 부여할 경우에는 명명·서열·등간·비율 척도의 수준에 각각 적합하게 측정 수준을 규정하면 된다.

3단계: 분석 수행

분석은 코딩과 신뢰도 검증, 그리고 분석결과를 도출하는 절차로 이루어진다.

코딩에서는 정확하고 상세한 코딩 지침이 요구된다. 만일 동일한 자료 혹은 상황을 놓고 각각 다르게 해석할 경우가 생긴다면 해당 내용분석 결과는 신뢰성을 얻기 어렵다.

또한 연구자의 주관성이 개입될 우려가 있는 만큼, 텍스트나 이미지 등의 자료에서 의미를 도출하여 연구분석 자료로 쓰기 위해서는 단위에 대한 개념 정의, MECE한 구분체계, 분석의 수준, 계량화 규칙 등이 자세할수록 좋다. 1인 코더(coder)[6]의 경우, 불가한 것은 아니지만 현실적으로 코딩 작업 시간과 분량으로 어려움이 있다. 그리고 신뢰도 확보를 위해서도 여러 명의 연구자가 함께 작업을 진행하는 편이다. 다수의 코더가 함께 분석에 참여할 경우에는 내용 분석의 신뢰도를 높이기 위해 사전에 지침을 명확하게 공유하는 것이 필수적이다.

내용분석의 신뢰도를 높이기 위한 또 다른 방법은 다수 연구자가 함께 코딩할 경우 코딩 기준과 지침에 따라 코더 훈련을 앞서 시행하는 것이다. 여러 차례에 걸쳐 자료를 무선표집하여 분석을 시행한 후 함께 토의하여 일치도를 높여가는 연습을 해야 하며 연구 결과지에도 코더 훈련을 보고하도록 한다.

내용 분석의 신뢰도는 코더 내 신뢰도(Intra-coder reliability)와 코더간 신뢰도(Inter-coder reliability)가 있는데 주로 후자의 방법으로 확인한다. 코더간 신뢰도는 여러 명의 코더들이 동일한 자료를 놓고 얼마나 일관성있게 해석하여 결과가 일치하는지를 확인하는 것이다.

코더간 신뢰도(Inter-coder reliability)를 계산하는 방법은 Cohen κ, Holsti ϕ, Fleiss의 수정된 κ, Krippendorff α 등이 있다.

<표 13-2>는 단순하게 일치여부에 대한 백분율을 놓고 보는 것으로 신뢰도를 평가하는 방법이다. 이 방법은 신뢰도 평가를 직관적으로 이해하는 데 용이하지만 신뢰도 평가 방법은 실제 연구상황

---

6) 코더(coder): 연구자료 입력·분석 수행자

에 맞추어 정교한 방법을 사용할 필요가 있다.

▌표 13-2 코더들의 일치 여부 예

	코더1	코더2	일치 여부
단위1	5	5	○
단위2	4	2	×
단위3	3	3	○
코더 2명 간 일치 여부 비율			66.6%

　여러 방법 중 Cohen의 κ는 코더 2인 간 코딩한 결과의 합치도를 정량화한 것으로 비교 및 명목척도만 가능하다. 따라서 코더가 3인 이상일 경우에는 Fleiss의 수정된 κ를 사용한다.

　Krippendorff α는 코더 수와 척도의 측정수준에 제한이 없으면서 불일치도의 관찰값과 예상값의 비율 확인이 가능하다는 장점이 있어 유용하게 판단할 수 있다. Krippendorff α는 직접 계산하기보다 SPSS Macro Kalpha를 SPSS에 설치하고 파일 실행 후 코딩한 시트를 열고 명령어를 입력하여 값을 산출한다. 결과로서의 α값은 .800 이상인 경우에 신뢰도가 높다. 물론 .667 이상인 경우에도 잠정적인 합의는 가능하지만 .600을 넘지 못할 경우는 믿을 수 없다고 판단한다. 이상의 절차에 따라 신뢰도까지 확인하여 최종 보고에 포함하면 내용 분석의 절차가 끝나게 된다.

▌적용사례

윤선경, 정보영, 차미리, 송영수 (2017). HRD 분야 이론활용 연구동향 분석: 국내 HRD 주요 학술지 논문을 중심으로. HRD 연구, 19(3). 1-37.

내용분석에서 연구설계 시에는 기존의 문헌 조사를 거쳐 연구의 목적이 달성될 수 있도록 타당한 분석 단위와 범주, 프레임워크를 제공하는 것이 좋다. 앞서 <표 13-1>의 분석 프레임워크에서 분석 단위 및 범주 중 이론 활용 단계는 관련 선행 연구에 언급된 내용을 <표 13-3>에서 보는 바와 같이 구체적으로 코딩 스킴[7]화하여 다음과 같이 코더에게 사전 제공하였다.

┃표 13-3 코딩 스킴 '이론 활용단계의 구분'

1단계 단순언급	2단계 배경연구	3단계 이론검토	4단계 이론 응용	5단계 분석평가
이론에 대한 설명 없이 이론명만 언급한 수준	이론적 배경 분석 시 관련 이론에 대한 핵심 개념	특정 주제에 관한 이론들의 개념 및 내용을 분석, 검토하는 수준	이론을 연구설계의 중요한 개념적 기반으로 직접 적용한 수준	특정 이론이 연구 전반에 깊이 있게 분석, 평가되는 수준
연구 관련 이론이 존재함을 단순히 알림	서론, 이론적 배경에서 한문단, 혹은 그 이상 분량	여러 이론을 비교 분석, 리뷰하는 경우 포함	연구방법, 연구결과의 해석에 이론이 핵심역할 담당	이론을 재해석
서론, 이론적 배경에서 한두 단어로 간단히 소개	이론의 출처인 원문헌을 인용	-	-	이론을 새로운 관점으로 적용하고자 가능성 검토
이론의 원문헌 인용 없는 경우	-	-	-	-

* 선행 연구(김성진, 2015)를 참고로 지침을 구체적으로 준비

내용분석의 연구설계에 따라 분석단위와 범주, 프레임워크를 결정한 후 실제 코딩을 하기 전 코더 훈련을 한 결과는 위의 <표

---

7) 코딩 스킴(coding scheme): 코딩 체계, 규약

13-4>와 같다. 일부 불일치된 사항에 대해서는 코딩 지침을 다시 공유하고 논의하여 코더의 판단이 다르게 나타날 수 있는 모호한 부분을 조정한 후 다시 코딩 훈련을 실시하였다.

▌표 13-4 **코더 훈련 시트 예(3차)**

연구논문 연번	이론판단(적용이론수)			이론활용수준 (level 1~5, 활용 없을 경우 0)		
	코더1	코더2	코더3	코더1	코더2	코더3
1	4	4	4	0	0	1
2	8	8	8	2	2	2
3	6	5	6	0	0	0
4	2	2	2	4	4	4
5	4	4	4	0	0	0
6	5	5	5	0	0	0
7	1	1	1	2	4	2
8	6	6	6	0	0	0
9	4	4	4	0	0	0
10	3	3	3	1	1	1

내용분석 결과는 어떤 분석단위와 범주를 가지고 분석을 진행하느냐, 무엇을 보고자 하느냐에 따라 분석을 다양하게 조합하여 결과 도출이 가능하므로 여러 영역에서 내용분석 연구결과를 적용해볼 수 있다.

연구결과로서 본 사례에서는 연구주제와 이론활용 빈도 결과값을 먼저 제시한 후 [그림 13-2]에서와 같이 연구주제별 이론활용 빈도 분포를 확인함으로써 특정 주제에서는 이론활용 빈도가 낮다는 점과 해당 주제에서의 이론 연구가 활성화될 필요가 있다는 시사점을 얻을 수 있다.

▼ 그림 13-2 **연구주제별 이론활용빈도 분포**

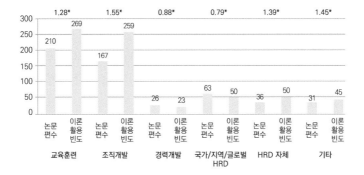

* 연구주제별 이론활용 빈도=논문편수 대비 이론활용 빈도
출처: 윤선경 외 (2017). HRD 분야 이론활용 연구동향 분석: 국내 HRD 주요 학술지 논문
을 중심으로.

또한 [그림 13-3]에서는 활용된 이론들의 빈도를 확인한 후 해당 영역별 학문적 배경 분포를 분석하여 주로 어떤 배경을 가진 이론들이 활발하게 연구 및 적용되고 있는지를 파악할 수 있다. 이 외에도 연도를 구분하여 시간의 흐름에 따라 빈번하게 사용되며 주목을 받는 이론의 변화도 확인할 수 있다.

▼ 그림 13-3 **활용된 이론의 학문적 배경 분포(2007~2016년)**

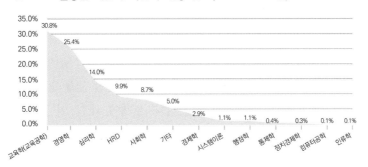

출처: 윤선경 외 (2017). HRD 분야 이론활용 연구동향 분석: 국내 HRD 주요 학술지 논문
을 중심으로.

이처럼 내용분석 방법은 텍스트와 같은 상징적 자료를 체계적이고 객관적으로 분석할 수 있으며 이를 통해서 장기적 관점에서의 변화 흐름을 파악하거나 인사이트를 도출할 수 있다.

또한 방치되고 있는 문헌과 자료들을 다양하게 분석함으로써 과거에 대한 분석뿐 아니라 향후 미래의 트렌드와 전략 도출에 유용한 근거와 자료로도 활용이 가능하다.

▌타 연구방법과의 혼용방법

내용분석은 그 자체만으로도 독립적인 연구방법으로 사용될 수 있다. 그러나 기존의 연구에서는 주로 사전 자료 분석방법으로 널리 적용되어 왔으며 텍스트형 자료를 키워드 중심으로 빈도 분석하거나 내용에 대한 주제 분석을 하여 이를 다음 단계의 타 연구 방법에 적용하는 사례도 있다.

실제로 내용분석은 양적 분석과 질적 분석이 모두 가능하므로 표면적 내용을 파악할 뿐 아니라 잠재적 내용을 분석할 수 있다.

예를 들어, 양적 분석 중 빈도와 관계 분석이 필요한 경우 1차적으로 텍스트로부터 분석단위를 추출하여 내용 분석을 하고 이후 네트워크 분석을 통해 관계성을 파악할 수도 있다.

또한 최근에는 키워드 분석 또한 R이나 Python과 같은 툴을 활용하고 있으나 분석단위와 범주 등 분석 프레임워크를 어떻게 설계하는가에 따라 코더와 툴 활용의 적절성을 판단할 필요가 있다. 다만 툴을 사용하더라도 내용분석의 원리와 설계에 대한 이해를 충분히 확보한 상태에서 툴의 코드를 만들어야 한다.

한편 내용분석은 계량적 방법을 사용하는 연구방법 외에도 다른 종류의 질적 연구방법에 혼용하여 사용할 수 있다. 일례로 면접, 관찰의 분석기법을 사용하여 자료를 수집하고 수집한 자료에 대해 질적인 내용분석을 할 수 있다.

또한 그림과 영상 이미지 자료를 코딩 지침에 따라 맥락적, 잠재적 수준의 질적 분석을 하여 기존의 다양한 질적 연구방법들과의 결합이 가능하다. 그래서 내용분석은 연구자의 창의적인 연구설계에 따라 흥미롭고 의미 있는 연구를 만들 수 있다는 매력이 있다.

▌주의사항

내용분석은 설계, 절차, 적용 방식 등에 있어 체계성을 높이고자 다음과 같은 논의가 계속되고 있다.

예를 들면, 빈도분석과 같은 양적 분석방법이 내용의 진실을 밝힐 수 있는가, 숨은 의미를 밝혀낸 질적 내용분석은 어떻게 타당성을 획득할 것인가, 절차적으로 분석의 틀, 분석단위, 분석단계별 방법이 체계적인가 혹은 분석 시 신뢰성을 어떻게 획득하는가 등의 이슈들이다.

이 가운데 일부 문제들은 연구 설계와 적용하는 방식에 따라 극복이 가능하다. 즉, 내용분석의 방법적 문제보다 연구자들의 적용 절차적 문제로 신뢰도를 확보할 수 있도록 설계단계에서부터 주의해야 한다. 여러 명의 코더가 작업하면서 코딩스킴 공유 없이 제각각의 기준에 따라 코딩하거나 신뢰도 평가를 하지 않는 경우가 대표적이며 잘못된 신뢰도 평가 방법을 사용하여 값을 산출하여 보고하는 경우도 있다.

잘 설계된 내용 분석은 기존에 분석할 수 없었던 자료들을 데이터화하고 이를 연구나 업무에 활용할 수 있는 장점을 가지고 있다. 연구결과나 업무 성과분석에 활용하고 분석 결과를 살펴보며 새로운 문제점이나 이슈를 발굴하는 데에도 도움을 주게 되므로 내용분석의 체계적 설계와 적용을 시도해보는 것이 좋다.

▌에피소드

분석대상, 즉 자료 선별 시에 현실적으로는 보유하고 있는 자료들을 모아 분석하게 되기 쉽다. 내용분석을 활용한 연구 수행뿐 아니라 업무에서 기존 축적된 자료를 분석해야 할 경우가 있으며 이 때 자료를 선별하기보다 보유한 리스트 전체를 대상으로 하게 된다.

그러나 분석해야 할 자료의 범위가 이미 정해져 있다고 하더라도 앞서 밝힌 바와 같이 내용의 분석단위와 프레임워크에 대한 고려가 선행되어야 한다. 그렇지 않다면 불필요하게 전체 자료를 모두 들여다보며 코딩작업을 하여 시간을 낭비하게 된다.

간단한 예로 디지털 트랜스포메이션 시대를 맞이하여 A사의 지금까지의 인적자원 보유역량을 도출하고 중장기 개발 전략을 새롭게 정비하기 위해 지금까지 축적된 자료들을 바탕으로 보유역량 도출을 할 경우, 우수성과자 중심의 역량분석을 FGI와 개별 인터뷰 방식으로 진행할 수 있으나 지금까지 수행된 교육 훈련 기록과 내용을 분석하여 참고 자료로 활용할 수 있다.

이때, 단순하게 지난 10년간 진행된 교육 훈련을 모두 분석대상으로 할 것인지, 혹은 지난 10년간 교육 훈련 중 디지털 리터러시 관련 콘텐츠 교육으로 분석 단위와 프레임 워크를 한정할 것인지에 따라 분석과 소요시간이 달라질 것이다. 또, 디지털 리터러시 관련 콘텐츠 교육에 포함되는 내용과 구분은 어떻게 할 것인지, 분석단위에 단지 교육 횟수만 넣을지, 훈련참여자의 성과에 대한 분석도 병행할 것인지의 판단에 따라 내용 분석의 규모와 결과가 달라진다.

한편 내용분석을 위한 코딩은 집중력과 인내심이 필요하다. 코딩 지침에 따라 정확하게 판단할 수 있도록 내용에 대한 이해가 높아야 하고 집중력있게 코딩해야 한다. 코딩 지침을 제대로 이해했는지 파악하기 위해 코더 간 훈련이 앞서야 하는데 반복되는 코더 훈련에 모두 참여할 수 있도록 연구자들 간 친밀감과 신뢰가 형성되어야 한다.

따라서 내용 분석을 제대로 수행하기 위해서는 연구 주제에 대한 이해가 높은 동료 연구자들을 사전에 섭외하고 여러 차례에 걸친 코딩 훈련 중에는 서로 커뮤니케이션이 원활하게 이루어져 놓치는 부분이 없도록 대표 연구자가 세심하게 살펴볼 필요가 있다. 이러한 연구자의 세심함이 곧 타당한 분석 결과로 이어지게 된다.

📖 참고문헌

김성진 (2015). 국내 문헌정보학의 이론 활용 연구동향 분석. **한국비블리아학회지, 26**(4), 179-200.

박양주, 우영희. (2012). 국내 교육공학분야의 내용분석 (Content Analysis) 적용에 대한 방법론적 고찰. **교육공학연구, 28**(2), 263-287.

윤선경, 정보영, 차미리, 송영수 (2017). HRD 분야 이론활용 연구동향 분석: 국내 HRD 주요 학술지 논문을 중심으로. **HRD 연구, 19**(3). 1-37.

장환영, 손지영, 하정례 (2013). 학회지 분석을 통해 본 HRD 이슈와 동향 탐색. **HRD연구, 15**(2), 1-22.

최성호, 정정훈, 정상원 (2016). 질적 내용분석의 개념과 절차. **질적탐구, 2**, 127-155.

Hsieh, H. F., & Shannon, S. E. (2005). Three approaches to qualitative content analysis. *Qualitative Health Research, 15*(9), 1277-1288.

Krippendorff, K. (2004). Reliability in content analysis. *Human communication research, 30*(3), 411-433.

Hayes, A. F., & Krippendorff, K. (2007). Answering the call for a standard reliability measure for coding data. *Communication Methods and Measures*, 1, 77-89.

Krippendorff, K. (2012). *Content analysis: An introduction to its methodology.* Sage.

Poldner, E., Simons, P. R. J., Wijngaards, G., & Van der Schaaf, M. F. (2012). Quantitative content analysis procedures to analyse students' reflective essays: A methodological review of psychometric and edumetric aspects. *Educational Research Review, 7*(1), 19-37.

Stemler, Steve (2001). An overview of content analysis. Practical Assessment, *Research & Evaluation, 7*(17).

14

포토보이스(Photo-Voice)

▌개념

포토보이스는 사진(photography)이라는 도구를 통해 개인이 느끼는 현상에 대한 인식과 통찰력을 볼 수 있는 참여적 실행연구의 한 분야로써 Wang & Burris에 의해 만들어졌다. 이는 특정 주제나 현상에 대한 사람들의 인식, 행동 등을 사진술과 결합하여 연구하는 질적 연구방법 중 하나다.

내러티브 픽처링(narrative picturing)으로 표현되기도 하는 사진은 질적 연구에서 텍스트와 함께 내러티브(narrative) 탐구의 도구로 활용될 수 있다.

그리고 포토보이스와 같은 참여적 사진(participatory photography) 방법론은 연구 참여자가 생성한 이미지를 활용하여 이들의 목소리를 들을 수 있다는 장점으로 인해 사회과학분야에서 혁신적인 연구방법으로 활용되어 왔으며 점차 질적 연구의 도구이자 방법론으로 자리를 잡아가고 있다.

▌특징

포토보이스와 같이 참여자에 의해 생성된 사진자료는 최근 사회
과학에서 관심이 증대되고 있다. 이는 포토보이스가 지닌 몇 가지 특
징들을 통해 설명할 수 있다.

먼저 포토보이스의 특징은 연구 참여자가 생성한 사진이 질적
연구에서 강조되는 내부자적 관점(emic perspective)에 충실한 연구자
료를 도출할 가능성이 있다는 것이다.

이런 측면에서 포토보이스 방법은 특정한 목표 및 대상 등에 따
라 다양하게 적용되고 있으며 연구자와 연구 참여자 간 쌍방향적인
분석이 이루어질 수 있다는 특징을 지니고 있다.

포토보이스의 또 다른 특징으로는 연구에 대한 깊이 있는 인식
을 도출하고 언어만으로 표현할 수 없는 감정과 생각을 표현할 수 있
다는 것이다.

이는 포토보이스에 사용된 사진을 통해 연구주제에 대한 연구
참여자들이 가지고 있는 경험, 의미, 가치관 등 구체적인 내용을 보
다 정확하게 재현해 낼 수 있기 때문이다.

또한 포토보이스는 관심사를 전달하고 이에 부합된 계획을 수립
할 수 있도록 만드는 기회를 제공해 줄 수 있다는 특징도 있다.

이는 포토보이스가 어떤 대상이나 문제점에 대해 성찰하고 그룹
토의를 통해 비판적인 대화 및 공통의 지식을 생산하며 정책에 영향
을 주기 때문이기도 하다.

이와 함께 세대 및 기술의 변화 등으로 인해 디지털기기를 통해
자신의 생각이나 의견을 이미지로 표현하고 공유하는 것에 익숙해진
연구 참여자들의 특성도 빠질 수 없다.

실제로 사진이라는 시각적 도구를 활용한 포토보이스 연구방법

을 적용하게 되면 언어만으로는 표현할 수 없는 연구주제에 대한 무의식을 이끌어 낼 수 있으며 연구 참여자들의 주도적인 참여를 통해 연구 주제에 대해 구체적인 사례와 의견 등이 포함되어 현실이 반영된 결과를 도출할 수 있다.

✏ 포토보이스의 특징

- 연구자와 연구 참여자 간 쌍방향적인 분석 가능
- 연구에 대한 깊이 있는 인식 도출
- 언어만으로 표현할 수 없는 감정과 생각 표현
- 관심사 전달 및 이에 부합된 계획 수립 기회 제공
- 연구주제와 관련하여 현실이 반영된 결과 도출

▎수행절차

포토보이스는 연구자에 의해 제시된 주제에 대해 연구 참여자가 직접 사진을 촬영하고 본인의 생각을 기술하는 방식으로 수행된다.

포토보이스 연구 참여자는 연구주제와 관련해서 본인이 촬영한 여러 사진 중 의미가 있다고 생각되는 사진을 선정한 후 그 사진이 내포하고 있는 의미와 본인의 생각을 다른 연구 참여자들과 공유하고 의견을 함께 나누면서 내용을 도출하게 된다.

포토보이스를 위해 촬영된 사진은 단순한 자료라기보다는 연구 참여자와 연구자 간 소통과 피드백의 도구이기 때문에 연구 참여자가 사진에 대한 구체적인 내용과 설명을 기술하는 것이 중요하다.

포토보이스의 절차 및 분석방법은 크게 세 단계로 이루어져 있다.

첫 번째는 선택(selecting)의 단계다. 연구 참여자가 연구주제와 관련해서 본인이 촬영한 여러 개의 사진 중 주제에 가장 적합하거나 의미가 있다고 생각되는 사진을 선정하는 것이다.

두 번째는 맥락화(contextualizing)의 단계다. 연구 참여자가 선정한 사진에 의미를 부여하고 자신의 생각을 다른 연구 참여자들과 공유하고 의견을 함께 나누면서 구체적인 내용을 도출하거나 구성하는 것이다.

세 번째는 범주화(codifying)의 단계다. 선택과 맥락화의 단계를 통해 나타난 결과에 대해 주제 또는 이슈별로 구분하는 것이다.

보다 구체적인 포토보이스 수행 절차를 도식화하면 [그림 14-1]과 같다.

▼ 그림 14-1 **포토보이스 연구절차**

포토보이스를 시작하기에 앞서 연구자는 연구 참여자들을 대상으로 포토보이스 방법에 대한 안내 및 질의응답 등이 포함된 포토보이스 오리엔테이션을 실시해야 한다.

이 때 연구 참여자가 촬영한 사진은 연구윤리와 관련해서 저작권에 문제가 없도록 본인이 직접 촬영한 사진이어야 한다는 점과 함께 연구 자료로 활용되어 공개될 수 있다는 점을 공지하고 이에 대한 동의를 얻어야 한다.

또한 필요하다면 연구를 목적으로 진행됨에 따라 연구 참여 및 제출된 사진에 대한 별도의 보상이 제공되지 않는다는 점도 공지해야 한다.

　이후 연구 참여자들은 지정된 기간 내 일상 속에서 연구주제와 관련된 사진을 개인별 10장 내외로 촬영한다. 과거에는 포토보이스 연구도구로 사용되는 카메라를 연구 참여자들에게 별도로 제공한 경우도 있지만 오늘날에는 개인별로 소지하고 있는 스마트폰 카메라를 활용하는 것이 좋다.

　연구 참여자들에 의해 촬영된 사진과 이에 대한 설명은 [그림 14－2]와 같이 별도의 폐쇄형 온라인 커뮤니티에 탑재하면 보다 빠르고 수월하게 자료를 수집하고 정리할 수 있다.

▼ 그림 14-2 **포토보이스를 위해 개설된 폐쇄형 온라인 커뮤니티**

구분	온라인 커뮤니티	탑재 사진	기술 내용
화면	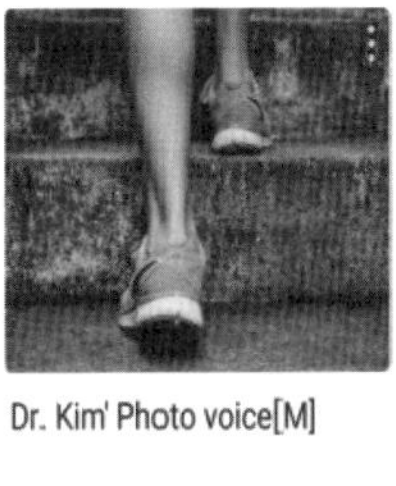 　Dr. Kim' Photo voice[M]		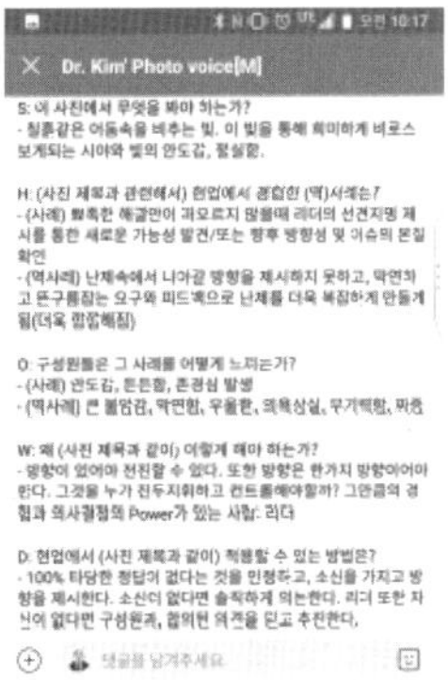

　연구 참여자들은 본인이 촬영한 사진 중에서 제시된 연구 질문에 대한 생각을 가장 잘 나타낼 수 있는 장면이 포착된 사진을 선택하여 해당 사진의 제목과 의미를 기록한다.

　이후 연구 참여자들은 ＜표 14－1＞에서 보는 바와 같이 포토보이스에서 사용되는 다섯 가지 질문(Wang, 1999, 2006)에 기반하여 각각의 질문에 대한 자신의 의견을 기술한다.

┃표 14-1 **포토보이스 설명을 위한 질문**

구분	Wang(2006)	수정 질문(예)
See	이 사진에서 보이는 것은?	이 사진에서 무엇을 봐야 하는가?
Happening	실제로 일어나고 있는 것은?	현업에서 경험한 (역)사례는?
Our	우리 삶과는 어떤 관계가 있는가?	구성원들은 어떻게 느끼는가?
Why	왜 이런 상황이 존재하는가?	왜 이렇게 해야 하는가?
Do	우리가 할 수 있는 일은?	현업에서 적용할 수 있는 방법은?

포토보이스에서 사용되는 사진의 선정기준은 연구 참여자가 직접 촬영한 사진이어야 하며 사진에 대한 기술 내용은 포토보이스 질문에 부합해야 한다.

이와 같은 기준에 따라 연구자는 연구 참여자들이 제출한 사진과 내용을 검토한 후 기준에 맞지 않는 사진은 제외해야 한다. 이후에는 연구자에 의해 제외된 내용에 대해 연구 참여자들에게 설명하고 이들의 의견 및 확인을 구하는 과정을 거쳐야 한다.

사진 선택 및 맥락화 과정에서 연구 참여자들이 개입해야 하는 이유가 있다. 그것은 포토 보이스에서 촬영된 사진을 통해 말하고자 하는 것에 대해 연구 참여자 자신이 가장 잘 알고 있으며 사진의 주제와 내용은 연구 참여자가 정한 것을 그대로 정리하는 것에 목적이 있기 때문이다.

아울러 포토보이스에 대해 분석된 내용에 대한 신뢰도와 타당성을 확보하기 위해서 연구자는 동료 검토(peer review)와 전문가 검토(expert review)를 실시해야 한다.

동료 검토와 전문가 검토의 중점은 연구 참여자들이 포토보이스를 통해 제시한 내용에 대한 공감 여부 및 사진과 설명의 연계성 정도다. 이와 함께 연구 참여자들이 제시한 내용에 대한 공감정도 표현, 비약 여부 확인, 본인이 알고 있는 유사사례 제시 등을 중심으로 검토가 이루어질 수 있도록 안내한다.

▌적용사례

김희봉 (2017). 포토보이스 방법을 활용한 팔로워십에 대한 인식과 팔로워의 역할에 관한 탐색적 연구, **리더십연구**, 8(3), 33-54.

포토보이스 방법을 사용한 연구의 결과물은 [그림 14-3]과 같이 표현해 볼 수 있다.

▼ 그림 14-3 **가위**

Photo	Voice
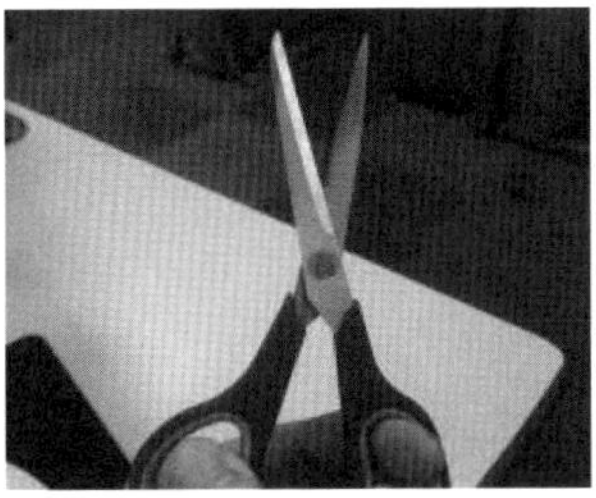	"큰 변화가 없이 조직을 운영하다보면 리더의 날이 무뎌지는 것 같다. 이는 리더의 결단력이 부족하다는 생각으로 이어지는데 이렇게 되면 리더나 업무의 결과에 대해서도 기대하지 않게 된다." (연구참여자 A) "우유부단하게 결정을 미루는 리더의 모습을 보면서 리더가 업무에 대한 통찰력이 없거나 전문성이 없다고 생각되는 경우가 있다." (연구참여자 D)

리더의 역할에 대한 포토보이스 결과, 연구 참여자들은 [그림 14-3]에서 보는 바와 같이 리더가 조직 내에서 불필요하거나 잘못

된 제도나 업무 프로세스 등을 찾아 제거해야 하는 역할을 수행해야 한다는 인식을 보여주고 있다.

팔로워십에 대한 인식에 대해서도 연구 참여자들은 [그림 14-4]와 같이 표현하였다.

▼ 그림 14-4 **만두전골**

구분	세부설명
	만두전골이란 음식이 참 신기합니다. 각 재료가 본인이 가진 매력만을 내보이는 것 뿐 아니라 조화롭게 서로 어우러져 멋진 작품을 만들어냅니다. 내가 가진 강점을 리더와 조직을 위해 조화롭게 기여하는 것도 팔로워십이라 생각합니다. (참여자 E)

이처럼 포토보이스를 사용하면 일반적인 인터뷰나 설문을 통해서는 얻기 어려운 구체적인 사례와 내용에 대해 연구 참여자들의 생각을 끄집어 낼 수 있으며, 보다 현실에 가깝게 접근할 수 있다.

▌타 연구방법과의 혼용방법

포토보이스는 독자적인 연구방법이기는 하지만 다른 연구방법과 혼용해서 사용하게 되면 보다 풍부한 자료수집과 분석을 할 수 있다.

예를 들어, 포토보이스를 통해 전반적인 인식 혹은 사례를 도출한 후 포토보이스 결과에 기반한 설문조사나 인터뷰를 실시해보는 것이다.

이와 같은 방식이 일종의 자료 수집 및 분석간 삼각검증(triangulation)이며 이를 통해 연구방법 및 결과에 대한 타당성과 신뢰도를 확보할 수 있다.

▌주의사항

포토보이스는 여러 가지 특징과 장점이 있지만 종종 신뢰도와 타당성 그리고 일반화의 가능성에 대한 개념을 적용하는 것에 대한 적절성과 관련된 여러 논의들도 있어 이에 대한 주의를 기울일 필요가 있다.

▌에피소드

포토보이스 연구방법을 사용하기 위해서는 연구 참여자들을 대상으로 충분한 오리엔테이션이 필요하다.

연구자가 연구 참여자들에게 포토보이스의 목적과 의미를 명확하고 구체적으로 설명해주지 않으면 연구 참여자들이 사진을 직접 촬영하지 않고 포털사이트나 사진공유 사이트 혹은 타인의 SNS에 게시된 사진을 제공하는 경우가 있다.

이와 같은 사진을 제공할 경우, 연구 참여자의 생각이 담긴 자료가 아니라 기존 자료에 연구 참여자의 생각을 맞추게 되어 연구방법론으로써의 포토보이스는 본질에서 벗어나게 된다. 그리고 저작권의 문제를 비롯해서 연구결과물에 대한 신뢰도 및 타당성도 오염될 수 있다.

실제로 포토보이스 연구를 실시했을 때 연구 참여자 중 한 명이 포털사이트에서 찾은 사진들을 제공한 적이 있는데 연구자가 해당되는 키워드로 검색해본 결과, 동일한 사진이 나타나 사용하지 못한 경우가 있었다.

이후 연구 참여자에게 확인해 본 결과, 자신이 촬영한 사진보다 더 멋져보여 제출했다는 이야기를 들었는데 연구자로서는 아쉬움이 남았다.

📖 참고문헌

김진희, 김영순, 김지영 (2015). 질적연구여행. 북코리아.

김도헌 (2016). 교육 분야 질적연구의 도구로서 사진에 관한 시론적 고찰, 교육인류학연구, 19(2), 1-35.

김두섭 역 (2010). 질적 연구방법론. 나눔.

김희봉 (2017). 포토보이스 방법을 활용한 팔로워십에 대한 인식과 팔로워의 역할에 관한 탐색적 연구, 리더십연구, 8(3), 33-54.

이재희, 라미영, 방실, Canape, K. E. (2014). 학교사회복지사들이 표현하는 일과 나: 포토 보이스 방법론 적용. 학교사회복지, 23, 257-280.

이현주 (2015). 사회적기업에 대한 대학생들의 인식에 관한 연구: 포토 보이스 방법론을 적용하여. 한국위기관리논집, 11(4), 247-272.

Denzin, N. K., Y. S. Lincoln. (1998). *Strategies of Qualitative Inquiry*, London: Sage.

Harper, D. (2002). Talking about pictures: a case for photo elicitation. *Visual Studies*, 171, 13-26.

Harrison, B. (2002). Photographic visions and narrative inquiry. *Narrative Inquiry, 12*(1). 7-111.

Kaplan, I., Howes, A. (2004). 'Seeing through different eyes': exploring the value of participative research using images in schools. *Cambridge Journal of Education, 34*(2), 143-155.

Seale, C. (1999). The Quality of Qualitative Research, London: Sage.

Sanon, M-A., R. A. Evans-Agnew, & D. M. Boutainc. (2014). An exploration of social justice intent in photovoice research studies from 2008 to 2013. *Nursing Inquiry, 21*(3). 212-226.

Wang. C. C. (1999). Photovoice: A Participatory Action Research Strategy Applied to Women's Health. *Journal of Women's Health, 8*(2), 185 – 192.

Wang, C. C. (2006). Youth Participation in photovoice as a strategy for community change. Journal of Community Practice, *14*(1/2), 147 – 161.

Wang, C. C., M. A. Burris. (1994). Empowerment through Novella: Portraits of Participation. *Health 272 Education Quarterly, 21*(2): 171 – 186.

Wang, C. C., M. A. Burris. (1997). Photovoice: Concept, methodology, and use for participatory needs assessment. *Health Education and Behavior, 24*(3): 369 – 387.

저자 후기

김희봉

기업현장에서 HRD업무를 수행하고 학교에서 연구를 하는 이들에게 실질적으로 활용할 수 있는 연구방법론을 안내해주면 모두에게 도움이 될 수 있다는 생각으로 접근했다. 다행히 같은 뜻을 가진 동료 연구자들이 있어 첫발을 내딛을 수 있게 되었다. 물론 수많은 연구방법들이 있지만 이 책에서 다루고 있는 연구방법들은 그야말로 HRD분야에서의 연구와 현업을 수행함에 있어 바로 적용해 볼 수 있는 방법들을 선별한 것이다. 어떻게 보면 실전 가이드와도 비슷하여 수행하고자 하는 연구와 관련해서 무리없이 자료를 수집하고 분석할 수 있다. 그렇다고 해서 요령만 담지는 않았다. 각각의 연구방법별 개념과 절차 그리고 예시와 주의사항 등을 포함하여 해당 연구방법에 대한 이해를 도모하고자 했다. 이 책을 집필하면서 많은 이들에게 도움이 될 것이라는 생각을 했다. 필자 역시 이 책의 내용을 수십 번 읽고 수정하면서 도움을 받았기 때문이다.

박상욱

HRD 업무를 수행하면서 자주 사용되거나 실질적으로 도움이 되는 연구방법론을 한 곳에 모아둔 지침서는 없을까? 하는 절실함과 갈증이 항상 있었다. 그 갈증을 누구보다도 잘 알기에 직접 해결해보고자 필자로 동참하게 되었다. 연구방법론은 학문적 영역에서만 사용되는 것이 아니라 실질적 영역에서도 활용되어야 비로소 완성된다고 볼 수 있다. 이에 본 도서를 기획하면서 HRD 담당자와 전공자가 실질적으로 활용할 수 있는 방법론들이 무엇인지 고민하고 선별하고자 논의를 많이 하였다. 이러한 과정 속에서 역량개발 우선순위를 결정하는 데 활용이 가능한 Borich 요구도 분석과 IPA(Importance—Performance Analysis) 방법론을 본 도서에서 소개할 수 있게 되었고, 이는 HRD 현장에서 누구나 손쉽게 활용할 수 있는 실질적인 연구방법론이다. 무엇보다도 독자의 관점에서 Fundamental Methods와 Practical Methods로 구분하여 제시한 부분은 본 도서의 장점이라고 할 수 있다. 본 도서가 HRD 담당자들과 관련 학문을 전공하는 학생들의 갈증을 조금이나마 해갈해줄 수 있는 마르지 않는 우물이 되길 바라는 마음이다.

윤선경

여러 HRD 담당자에게 어떤 업무를 맡고 있는지 물어보면 동일한 업무를 한다고 답변을 하는 경우는 드물 것이다. 그만큼 HRD에서 맡고 있는 영역은 넓다. 인적자원개발의 영역은 교육뿐 아니라 경영, 경제, 사회, 심리, 시스템, 디자인(설계), 학습과 데이터 분석 등 여러 분야로 접목되어 있다. 여기에 가속화된 조직환경 변화로 HRD 담당자들은 여러 HRD 활동(HRD practice)에 대해 책임지고 맡아 정보를 파악하고, 분석하고, 결과를 도출하며, 성과에 대한 효과성 혹은 근거 기반 활동(evidence—based practice)을 제시할 수 있어야 하는 능력이 더욱 중요해졌다. 지금까지 HR 데이터는 일부만 활용되어 왔다. 인공지능을 활용한 데이터 분석 방법을 통해 활용방법의 범위가 확장되었으나, 데이터 특성상, 혹은 인공지능이 아직 적용되지 않는 일부에서 다양한 분석 방법을 활용한 데이터 처리가 여전히 제한적이다. 이번 HRD방법론은 HRD 연구와 업무에서 자주 활용되는 기초적인 방법뿐만 아니라 빈번하게 사용되지 않더라도 활용할 가치와 필요가 있는 방법들을 엮었다. 이 가운데 '내용분석'과 '사례연구방법'은 표준화된 HR활동에서 그냥 지나쳤던 수많은 자료, 데이터를 활용하여, 디지털 변환 시대의 변화성과 다양성을 띈 상황맥락에 적합한 결론을 얻을 수 있다. 해당 방법론을 집필하며, 현재의 HRD담당자와 미래 HRDer를 희망하는 연구자들이 탄탄한 분석능력을 갖추어 현재 수행하고 있는 연구와 업무에 더 큰 힘을 얻는 데 일조하기를 바란다.

이은정

Human Resource Development, HRD는 결국 사람을 이해하고, 사람에게 긍정적인 변화를 일으키기 위한 과정이라고 할 수 있을 것이다. 그러나 저마다의 동기, 의식, 욕구가 모두 다르므로 사람을 이해하는 길에는 항상 크고 작은 어려움이 있기 마련이다. 이 책은 HRD 현장에서 이렇게 다양한 사람들이 모여 만들어 낸 상황을 심층적으로 이해하는 데 활용 가능한 연구 방법들을 소개하고 있다. HRD 업무 수행 중 예상치 못한 문제 상황에 마주했을 때, 혹은 미래에 큰 영향을 미칠 수도 있는 새로운 결정을 내려야 할 때, 본 도서가 더 폭넓고 깊은 시각을 가질 수 있도록 도와주는 렌즈의 역할을 할 수 있기를 바란다.

이혜민

기업을 대상으로 다양한 프로젝트를 진행하며 수많은 데이터를 접한 바 있다. 그러나 기업의 HRD 부서에 쌓인 수많은 데이터가 당면한 문제 해결 및 성과로 연결되지 못하는 이유는 무엇을 수집하고 어떻게 가공하여 의미를 찾아내야 하는지 결정하기 어렵기 때문이라 생각한다. 또한, 석박사의 길을 걷는 후배들과 강의를 통해 만난 학생들도 자신이 가진 문제의식을 어떤 연구를 통해 풀어나갈지 방향을 잡지 못하는 것을 본 적이 많다. 많은 연구방법을 아는 것도 중요하지만 무엇보다 자신이 가진 문제의식을 어떤 연구방법을 통해 해결할 수 있는지를 아는지가 문제 해결의 핵심이다. 실무자의 시각에서 다양한 연구방법을 엮어낸 이 책이 각자의 자리에서 가지고 있는 문제의식의 첫 방향을 결정하는 길잡이 역할을 하기 바란다.

전선호

기업에서 HRD를 담당하면서 힘든 일도 많았지만, 무엇보다 HRD 업무를 지속적으로 할 수 있었던 가장 큰 원동력은 바로 변화였다고 생각한다. 나의 업무로 인해서 조직의 구성원과 조직이 변화하고, 조직과 조직 구성원이 성장하고 성공하는 모습을 보는 것은 HRD 담당자만이 느낄 수 있는 가장 큰 보람이었다. HRD 담당자로서 다양한 방법을 학습하여 업무에 활용하고 싶었던 바람이 많았다. 그리고 교육을 기획하거나 평가를 할 때 보다 객관적인 근거를 스스로 찾고 싶었던 적도 많았다. 그러나 그럴 때마다 도움을 받을 사람도, 마땅한 책도 없어 끙끙 고민만 했던 기억이 난다. 이 책의 집필에 동참하게 된 가장 큰 이유가 바로 필자가 HRD 담당자로서 일하면서 끙끙 고민했던 과거의 필자에 대한 기억 때문이었다. 이러한 경험은 HRD 담당자만의 고민은 아닐 것이다. 이 책에서 다루는 연구 방법들은 다른 직무에서도 충분히 활용이 가능할 것으로 보인다. 조직과 개인의 성장을 고민하는 많은 분들에게 조금이라도 도움이 되었으면 한다.

정승환

대학에서 연구방법을 수업하면서 느끼는 점은 많은 학생들이 연구방법이라는 것이 교수나 연구원과 같이 아주 특별한 직업을 가지는 사람만 필요하다고 생각한다는 점이다. 마찬가지로 HRD 실무자들도 연구방법을 이해하는 것은 특정한 직무에 필요하다고 판단하는 경우가 많다. 거창하게 '연구'라는 이름을 붙이지 않더라도, 우리는 업무나 생활에서 수많은 다양한 자료를 수집하고 이해하려 노력하고 있으며, 이 가운데에서 이미 다양한 연구방법을 사용하고 있다. 이 책이 이러한 일상의 과정에서 연구방법을 조금 더 편하게 받아들이고 적용해보는 책이 되기를 바란다.

색인

저자 소개

김희봉

공주대학교 사범대학에서 윤리교육과 영어교육을 전공하고 국방대학원 및 한양대학교에서 리더십(M.A)과 교육공학(Ph. D)을 전공했다. 20년이 넘는 시간 동안 군(軍), 대학교, 컨설팅사, 대기업 등 다양한 조직에서 각계각층을 대상으로 리더십 코칭과 강의를 하고 있으며 개인과 조직의 성장을 위한 HRD 컨설팅을 수행하고 있다. 이와 함께 지금까지 리더십과 팔로워십에 대한 10여 편의 학술논문을 저술하였으며 저서로는 '휴먼웨어101', '다시 강단에서', '리더스타그램: 리더십 포토보이스'가 있다.

박상욱

한양대학교 교육공학 박사(교수체제설계 및 기업교육연구 전공)로 현재 삼성물산 리조트부문에서 CS혁신 파트장으로 재직 중이다. 기업에서 CS전략 및 고객경험분석(CX), CS컨설팅, 교육기획 업무를 수행하고 있다. 주요 연구 분야는 리더십, 팔로워십, 역량모델링, 측정도구 개발 등이다.

윤선경

한양대학교 교육공학 박사(교육체제설계 및 기업교육연구 전공)로 현재 한양대학교 IC-PBL교수학습센터 연구교수로 재직 중이다. 기업·공공기관·대학의 교육체계설계, 역량 모델링 및 교육과정개발, 컨설팅 등 다수의 프로젝트와 강의를 수행하고 있다. 저서로는 한국

인력개발학회 발간 HRD학술총서 '전환기의 HRD, 연구의 흐름을 읽다(공저)'와 '전환기의 HRD 연구의 미래를 묻다(편저)' 등이 있다.

이은정

한국외국어대학교에서 영어와 중국어를 전공하고 한양대학교에서 교육공학 석사 및 박사과정을 이수했다. 현재 한림대학교 미래교육혁신원 연구교수로 재직하고 있으며 역량 기반 교육 체계 수립 및 교육 혁신 정책 연구를 담당하고 있다. 고등교육기관의 데이터 기반 교육 성과 관리, 역량 중심 교육 과정 설계 등과 관련한 다수의 프로젝트를 수행하였으며 대졸자 노동시장 전이, 초기 경력자 진로 개발, 미래 교육 핵심역량에 관심을 두고 관련 연구를 진행하고 있다.

이혜민

성신여자대학교에서 교육학과 국어국문학을 전공하고 한양대학교에서 교육공학 석사 및 박사과정을 이수했다. 이화여자대학교 교육혁신센터 특임교수로 근무하며 이화형 교수학습모델을 개발 및 전파한 바 있다. 기업 및 공공기관의 교육체계수립, 역량모델링, 교육과정 개발과 관련된 다수의 프로젝트를 수행하였으며 기업의 성과향상을 위한 리더의 비인격적 행동과 혁신에 관심을 두고 관련 연구를 진행하고 있다.

전선호

한양대학교 교육공학 박사(교수체제설계 및 기업교육연구 전공)로 20년간 기업에서 HRD업무를 수행했다. 인적자원분야와 리더십, 긍정심리자본에 대한 관심을 갖고 꾸준히 연구를 수행하고 있으며 현재 ㈜나우러닝 연구실장으로 기업 및 공공부문 컨설팅, 연구 용역 등을 수행하고 있다.

정승환

한양대학교에서 세라믹공학을 전공한 후 같은 대학 교육공학 석사 및 박사를 전공하였다. 현재 동덕여자대학교 교육혁신센터 연구교수로 재직 중에 있으며 동덕여자대학교의 ARETE 역량체계를 수립하고 이와 관련하여 교내외의 역량체계수립, 교육성과분석, 교육과정관리 등의 프로젝트들을 수행하고 있다. 온라인 커뮤니티에서의 지식공유와 이를 통한 사회적 자본을 비롯하여 커뮤니티 내의 상호작용 양상 및 커뮤니티를 통해 이루어지는 팬덤문화 등에 대하여 연구하고 있다.

HRD 연구방법 가이드: 연구와 실무의 출발점

초판발행	2022년 5월 11일
지은이	김희봉·박상욱·윤선경·이은정·이혜민·전선호·정승환
펴낸이	노 현
편 집	배근하
표지디자인	이영경
제 작	고철민·조영환
펴낸곳	㈜ 피와이메이트 서울특별시 금천구 가산디지털2로 53 한라시그마밸리 210호(가산동) 등록 2014. 2. 12. 제2018-000080호
전 화	02)733-6771
f a x	02)736-4818
e-mail	pys@pybook.co.kr
homepage	www.pybook.co.kr
ISBN	979-11-6519-279-2 93370

정 가   15,000원

박영스토리는 박영사와 함께하는 브랜드입니다.